VOU CASAR,
E AGORA?

Editora Appris Ltda.
1.ª Edição - Copyright© 2022 das autoras
Direitos de Edição Reservados à Editora Appris Ltda.

Nenhuma parte desta obra poderá ser utilizada indevidamente, sem estar de acordo com a Lei nº 9.610/98. Se incorreções forem encontradas, serão de exclusiva responsabilidade de seus organizadores. Foi realizado o Depósito Legal na Fundação Biblioteca Nacional, de acordo com as Leis n.os 10.994, de 14/12/2004, e 12.192, de 14/01/2010.

Catalogação na Fonte
Elaborado por: Josefina A. S. Guedes
Bibliotecária CRB 9/870

B465v 2022	Benfatto, Caroline Vou casar, e agora? / Caroline Benfatto, Jaque Vasconcelos. - 1. ed. - Curitiba : Appris, 2022. 115 p. ; 21 cm. Inclui bibliografia. ISBN 978-65-250-2239-0 1. Casamento – Planejamento. 2. Casamento – Organização. I. Vasconcelos, Jaque. II. Título. CDD – 306.81

Livro de acordo com a normalização técnica da ABNT

Appris editora

Editora e Livraria Appris Ltda.
Av. Manoel Ribas, 2265 – Mercês
Curitiba/PR – CEP: 80810-002
Tel. (41) 3156 - 4731
www.editoraappris.com.br

Printed in Brazil
Impresso no Brasil

Caroline Benfatto
Jaque Vasconcelos

VOU CASAR, E AGORA?

FICHA TÉCNICA

EDITORIAL	Augusto V. de A. Coelho
	Marli Caetano
	Sara C. de Andrade Coelho
COMITÊ EDITORIAL	Andréa Barbosa Gouveia - UFPR
	Edmeire C. Pereira - UFPR
	Iraneide da Silva - UFC
	Jacques de Lima Ferreira - UP
ASSESSORIA EDITORIAL	Manuella Marquetti
REVISÃO	Andréa L. Ilha
PRODUÇÃO EDITORIAL	William Rodrigues
DIAGRAMAÇÃO	Bruno Ferreira Nascimento
CAPA	Sheila Alves
COMUNICAÇÃO	Carlos Eduardo Pereira
	Karla Pipolo Olegário
LIVRARIAS E EVENTOS	Estevão Misael
GERÊNCIA DE FINANÇAS	Selma Maria Fernandes do Valle

A todos os trabalhadores da área de eventos que se viram desnorteados e sem poder trabalhar, devido à pandemia do novo coronavírus, e que, por isso, foram forçados a se reinventar.

Agradecimentos

Para tornar a realização deste livro possível, contamos com o apoio de pessoas que sempre foram incansáveis ao nosso lado: nossos maridos. Agradecemos de todo o coração a vocês dois por todo o apoio e cada puxão de orelha, pelas críticas construtivas, por todo o incentivo, por estarem ao nosso lado e não nos deixarem desistir, por serem nossos parceiros, nossa base e nunca desistirem de nos auxiliar na busca da nossa realização pessoal e profissional.

Agradecemos às nossas clientes maravilhosas, que nos permitem divulgar nosso trabalho por meio da realização do sonho delas. Para nós, foi uma honra conviver com vocês e organizar tudo para que seu dia fosse como sempre sonharam. Nós desejamos apenas tudo o que há de melhor para vocês, que sejam muito felizes e realizem todos os sonhos.

Não podemos deixar de citar a nossa empresa parceira, Aroma & Estampa, na pessoa da proprietária, Cláudia Rocha, que, além de todo o incentivo, contribuiu com um texto magnífico para complementar nosso livro e foi nossa consultora na parte de etiqueta de mesa.

Em se tratando da nossa trajetória como cerimonialistas, é imprescindível agradecer à empresa que nos ensinou, que nos propiciou conhecer a área e descobrir nosso amor pelo cerimonial e organização de eventos: se não fosse pela empresa Girassol Festas, de Guaíba, com os proprietários, Vernei, Noeli e Loreli, certamente não teríamos encontrado nossa realização profissional na área de eventos. A vocês três, o nosso mais sincero agradecimento por tudo o que nos ensinaram, por todas as oportunidades e, claro, por todo o apoio e incentivo.

E claro, agradecer a você, que acreditou no nosso produto, e que, por meio deste trabalho, irá organizar o seu grande dia!

SEJA BEM-VINDO À ORGANIZE!

Todos os nossos sonhos podem se tornar realidade,
se tivermos a coragem de persegui-los.

(Walt Disney)

Prefácio

Após o pedido de casamento, vem a euforia, aquela sensação maravilhosa de que começa a construção de uma vida a dois, de formar uma família, de viver ao lado da pessoa que amamos. E, logo após esse sentimento maravilhoso, vem a questão: VOU CASAR, E AGORA?

Agora, é hora de organizar, planejar, sonhar com cada detalhe. E eu, que trabalhei com noivas por 15 anos, posso afirmar que elas ficam muito perdidas, confusas a ponto de dormir com uma ideia e acordar com outra.

Conheci a Carol e a Jaque muitos anos atrás, na vida de eventos. Estivemos juntas em muitos casamentos. Por isso, afirmo: elas nasceram com o dom — o dom de organizar tudo, de fazer os sonhos saírem do papel, de executar aquilo que parecia impossível. Elas fazem um evento acontecer como se fosse uma orquestra sinfônica, tudo na perfeita ordem. Tudo acontece de forma natural, tudo simplesmente flui.

Quando as meninas me contaram do livro, eu fiquei muito feliz, pois sei do potencial dessas profissionais. Fiquei com o coração cheio de alegrias, por saber que mais noivas terão acesso às informações e terão o coração acalentado, por terem o passo a passo de como organizar seu casamento.

Essas gurias não organizam um casamento como "mais um"; elas têm uma dedicação única, exclusiva, que faz com que o sonho se transforme em realidade da melhor maneira possível.

Espero que muitas e muitas noivas conheçam este trabalho e se beneficiem de todas as experiências que esse livro traz. Ele é um apanhado de vivências reais, as quais, por muitos anos, têm sido de muito sucesso e tendo muito reconhecimento.

Jerusa Kessler

Fotógrafa Profissional, proprietária da empresa Jerusa Kessler Fotografia.
@jerusakessler

Sumário

1 TIPOS DE CASAMENTO 21

   1.1 MINIWEDDING 21
   1.2 ELOPEMENT WEDDING 21
   1.3 MICROWEDDING 22
   1.4 DESTINATION WEDDING 22
   1.5 CASAMENTO NA PRAIA 22
   1.6 CASAMENTO NO CAMPO 23
   1.7 CASAMENTO TRADICIONAL 23

2 FAZENDO A LISTA 25

3 CONVIDANDO AS PESSOAS PARA O SEU GRANDE DIA . . 31

   3.1 PADRINHOS 31
   3.2 CRIANÇAS 32
   3.3 PAIS 32
   3.4 DEMAIS CONVIDADOS 32
      3.4.1 *Save the date* 32
      3.4.2 Convite 33
      3.4.3 *Dress code* ou código de vestimenta 33
      3.4.4 R.S.V.P. 34
      3.4.5 Lista de presentes 36

4 CONHECENDO SERVIÇOS E PRODUTOS PARA EVENTOS . . 37

   4.1 LOCAL DA CERIMÔNIA 37
   4.2 LOCAL DA RECEPÇÃO 38
   4.3 TRAJES 39
      4.3.1 Noiva 40
      4.3.2 Noivo 43
   4.4 CABELO & MAQUIAGEM 45

4.4.1 Penteado 46

4.4.2 Maquiagem 47

4.5 DIA DA NOIVA 47

4.6 PROCEDIMENTOS ESTÉTICOS E CUIDADOS PESSOAIS . . 48

4.7 PROMOTORIA & ASSESSORIA 49

4.8 CERIMONIAL & RECEPÇÃO DO DIA 50

4.9 ASSESSORIA ON-LINE 51

4.10 PALETA DE CORES 53

4.11 DECORAÇÃO 54

4.12 FLORES 59

4.13 ALIMENTAÇÃO 61

4.13.1 Coquetel: 62

4.13.2 *Brunch:* 62

4.13.3 Menu degustação ou *finger food:* 62

4.13.4 Americano: 63

4.13.5 Empratado: 63

4.13.6 À francesa: 63

4.13.7 Dando um passo de cada vez:
o que você precisa para ter um cardápio perfeito? 64

4.14 MESA DOS DOCES 67

4.15 BOLO 69

4.16 O TOPO DE BOLO 71

4.17 MESA POSTA 71

4.18 BEBIDAS 73

4.18.1 Cálculo de bebidas 74

4.19 BAR E ANIMAÇÃO 75

4.20 GARÇONS 76

4.21 SEGURANÇA 77

4.22 HIGIENISTA 77

4.23 SONORIZAÇÃO 78

4.24 ILUMINAÇÃO 79

4.25 TRILHA SONORA 79

4.26 DANÇA DO CASAL 80

4.27 FOTO 81

4.28 FILMAGEM 82

4.29 PAPELARIA 85

4.30 CELEBRANTE 85

4.31 VOTOS 86

4.32 LOCAÇÃO DO CARRO 86

4.33 CORTEJO 87

4.34 CASAMENTO CIVIL 89

4.35 LEMBRANCINHAS 91

4.36 BRINQUEDOS E ÁREA KIDS 91

5 CALCULANDO O CUSTO 93

6 ANALISANDO CONTRATOS 95

7 A SEMANA DO CASAMENTO CHEGOU, E AGORA FALTA TÃO POUCO! 97

8 O GRANDE DIA! 99

9 O PÓS-FESTA: JÁ ACABOU?!? 101

10 LUA DE MEL: VIAGEM DOS RECÉM-CASADOS 103

11 CONSIDERAÇÕES FINAIS 105

12 BÔNUS 107

12.1 EVENTOS QUE ANTECEDEM O CASAMENTO 107

12.1.1 Chá de lingerie 107

12.1.2 Chá de panela ou chá de cozinha 108

12.1.3 Chá bar 112

12.2 RECEBENDO AMIGOS NO NOVO LAR 112

Antes de tudo, conheça um pouco sobre nós, as gurias da Organize:

Jaque: empreendedora, mãe de dois filhos lindos e esposa. Sua história e a paixão por eventos começaram em 2010, logo após conhecer seu esposo e a família, proprietários de uma empresa de eventos na cidade de Guaíba/RS. Desde então, trabalha com eventos e tem muito amor pelo que faz.

No início de 2011, iniciou a trabalhar com cerimonial, após mentoria com a hoje sócia, Caroline Cerveira. Desde então, foram em torno de 350 cerimoniais.

> *Trabalhar com eventos, com a realização de sonhos, é a minha paixão, é com que me sinto realizada. Ver o brilho no olhar de cada cliente, a felicidade deles, a emoção do momento... A sensação indescritível para mim, e é algo insubstituível. E, ao final de cada evento, ter a sensação de dever cumprido e a certeza de que mais um sonho foi realizado — e que pude fazer parte, pelo menos um pouquinho... Tenho uma gratidão imensurável pela oportunidade de trabalhar com o que eu amo!*

Caroline: trabalha com eventos há muitos anos, uma vez que a família possui uma empresa que presta serviços de bufê e decoração, entre outros, proporcionando-lhe conhecer o setor ainda no início da adolescência. Com o tempo, foi conhecendo o mercado e os fornecedores da cidade e da região, o que fez com que o serviço de cerimonial e organização de eventos fluísse naturalmente, uma vez que, de certo modo, fazia a promoção completa dos eventos dos clientes. Por se identificar com o planejamento e a execução de eventos, foi pesquisar e estudar sobre os serviços de cerimonial e promoção.

> *Eu amo o que faço. Trato cada evento como ele realmente é: **a realização do sonho do meu cliente**. Sou extremamente grata e feliz pela confiança de cada pessoa que deposita seu sonho e suas expectativas para a festa nas nossas mãos. Por isso, busco sempre dar o meu melhor e fazer todo o possível para que tudo corra perfeitamente. Minha recompensa vem a cada término de evento, com o agradecimento do meu cliente (e, muitas vezes, dos convidados), porque tudo saiu exatamente como ele sonhou!*

Mas vamos parar de falar de nós! O foco aqui é VOCÊ!!!

Primeiramente, queremos parabenizá-lo pelo noivado e dizer que essa nova fase que se inicia, para você e seu/sua noivo/noiva, será repleta de novidades e de desafios. Organizar um casamento não é a coisa mais fácil que você vai fazer na vida, mas também não precisa ser difícil. Conte com a gente, porque nós queremos **ajudar você** a tornar seu sonho realidade — e sem muita complicação. Venha com a gente!

Por onde começar?

O casamento é o vínculo formado por duas pessoas que escolheram uma à outra para construir uma vida juntas. Por isso, nada é melhor do que começar o planejamento do seu grande dia conversando com seu amor sobre as ideias do casal, as expectativas e os sonhos. Assim, poderão ver se estão seguindo na mesma direção, e, também, poderão trocar opiniões e dialogar sobre o estilo de casamento que terão.

"Estilo"? Como assim?

Existem diversos tipos de casamentos: *miniwedding*; casamento em casa; no campo; na praia; *elopement wedding*; *destination wedding*... Neste momento, você não precisa saber exatamente qual o seu, basta você conversar com seu amor sobre as expectativas de vocês para a realização da festa: se vocês querem fazer uma celebração íntima, com poucos convidados; se preferem viajar com algumas pessoas mais próximas; se desejam fazer uma festa grande e convidar todo mundo; ou, ainda, se escolherão uma pequena cerimônia só com vocês dois e um celebrante.

Após conversarem e terem uma noção do que vocês querem, é chegado o momento de conhecer os diferentes estilos de cerimônia. Vamos lá?

1

TIPOS DE CASAMENTO

Podemos dizer que o estilo do casamento é considerado o corpo da festa, e é a partir dele que iremos planejar todos os detalhes da decoração e de todos os outros momentos e serviços. É a base, porque o que define o estilo do casamento nada mais é do que o número de convidados, o local e o estilo da cerimônia. Entre os muitos tipos existentes, separamos os mais utilizados por nós, brasileiros. Vamos ver um pouco sobre cada um deles?

1.1 MINIWEDDING

O *miniwedding* vem ganhando o coração das noivas, ainda mais em tempos de pandemia. A procura por algo com menos "ostentação" está se tornando cada dia mais frequente. Para o *miniwedding*, são em torno de 50 a 60 convidados. É de extrema importância ressaltar que isso não significa economia, pois, justamente por ser menor, para amigos mais íntimos e familiares, é que esse estilo permite uma personalização muito maior — assim sendo, pode gerar gastos maiores. A diferença entre o *miniwedding* e um casamento grandioso é apenas o número de convidados; no entanto, engloba tudo o que um casamento maior possui, só que em menor proporção. É isso o que o torna mais intimista e aconchegante.

1.2 ELOPEMENT WEDDING

É um casamento para quem ama viajar e deseja uma cerimônia íntima, uma celebração a dois, sem nenhum convidado, apenas com um celebrante e um fotógrafo, se assim os noivos desejarem.

Nós aconselhamos esse estilo para casais que não fazem questão de ter uma festa de casamento (ou preferem não ter), pois esse estilo de celebração proporciona fotos lindíssimas e memoráveis momentos a dois.

1.3 MICROWEDDING

O estilo de casamento *microwedding* está se tornando cada dia mais popular. É uma cerimônia que conta com em torno de 20 a 40 pessoas, sendo elas parentes e amigos mais próximos, aqueles que se fazem presentes diariamente na vida do casal. Esse estilo de casamento proporciona mais proximidade entre os noivos e os convidados, e permite que o casal passe mais tempo de qualidade com todos.

1.4 DESTINATION WEDDING

O *destination wedding* também é um estilo de casamento para quem ama viajar, mas que também ama estar com a galera toda, ou seja: nesse caso, juntam-se todos em um determinado local. O *destination* precisa ser muito bem-organizado, assim como os convites devem ser entregues bem antes, para que os convidados consigam se preparar e programar para o casamento, mas, principalmente, para a viagem. Para o *destination*, não interfere o tamanho da sua lista, quem determina o seu número de convidados são você e seu orçamento.

1.5 CASAMENTO NA PRAIA

Uma cerimônia linda, descontraída, informal e romântica. Por que não se casar na praia? Aquele visual esplêndido, a conexão com a natureza, o barulho das ondas. Muitos casais sonham com uma cerimônia inesquecível na beira do mar! Essa cerimônia, com certeza, deixará registros maravilhosos.

1.6 CASAMENTO NO CAMPO

Um estilo de celebração de casamento que vem atraindo mais e mais casais é o das cerimônias no campo. Para tanto, existem diversos locais que, mesmo nas grandes cidades, reproduzem, em seus hectares, a área verde e a tranquilidade das áreas mais afastadas. Essa é uma sugestão para casais que sonham com a cerimônia em área aberta e com a opção de recepção nos salões de eventos integrados ou, ainda, em casas de fazenda. Nessa cerimônia, uma decoração rústica fica linda e compõe muito bem esse cenário.

1.7 CASAMENTO TRADICIONAL

O casamento tradicional nada mais é do que o evento na sua forma mais clássica. Para esse tipo, é locado um espaço para todos os convidados, e a cerimônia pode ser realizada tanto no próprio local como em um espaço diferente. Você convida todos os amigos e familiares, de acordo com o orçamento e capacidade do local escolhido.

Enfim, definir o tipo de casamento é um dos pontos iniciais. Depois de definido o estilo de casamento, podemos continuar com os preparativos.

Estilo escolhido? Vamos fazer a lista?

Mas como? Quem colocar?

2

FAZENDO A LISTA

A lista de convidados é um dos primeiros passos a serem dados no caminho que você irá percorrer até o dia tão sonhado e esperado. É a partir dela que serão definidos praticamente todos os outros tópicos da festa. Ela irá determinar: a igreja adequada; o salão e a estrutura do local; o estilo do bufê e a quantidade necessária para ele; bebidas; bolo; decoração; número de convites; lembrancinhas; e todos os outros detalhes. Uma das primeiras perguntas que cada fornecedor que você irá contratar fará é: "Quantos convidados vocês têm?" Portanto, inicie pela lista. Acredite, você não sairá do lugar sem ela.

A primeira lista tende a ser gigante, por isso, calma, respire. Vai dar tudo certo. É normal e necessário que a primeira lista inclua todas as pessoas que vocês gostariam de convidar (não quer dizer que vocês convidarão todos). A primeira lista deve sim ser mais completa; depois, ela será ajustada. Um ponto importante a ser considerado é: quem irá participar da criação da lista de convidados? Somente o casal ou os pais também estarão presentes?

Essa primeira lista deve ser dividida por origem: convidados do noivo; convidados da noiva; convidados dos pais do noivo; convidados dos pais da noiva; trabalho; faculdade; e alguma outra classificação que achar necessária. Essa divisão é de extrema importância, pois, quando os cortes forem necessários, será mais fácil de ver de qual categoria você vai retirar. Claro, nós iremos disponibilizar uma planilha bem completa e muito maravilhosa para você preencher e se guiar.

Um outro detalhe muito importante para a lista é você traçar o perfil dos seus convidados, com informações sobre restrições alimentares (nessa parte, você pode colocar as alergias alimentares que alguns convidados possam ter, convidados veganos e convidados vegetarianos, por exemplo); convidados que preferem ficar longe de barulho muito alto (deve-se observar isso para colocar longe da pista de dança); entre outras informações que possam impactar, de alguma forma, a organização. O mais importante: mantenha a calma! Fazer a lista normalmente causa alguns atritos, mas, lembre-se que, com paciência e diplomacia, tudo se resolve. A lista é só mais um dos degraus até a realização do seu sonho. Por isso, curta todo o processo, porque, por mais incrível que possa parecer, <u>passa voando</u>. Quando você percebeu, já acabou...

Depois de incluir todas as pessoas, nessa primeira fase, é chegado o momento de realizar alguns cortes. Esse segundo passo é a edição da lista, e é quando você poderá excluir: **pessoas distantes**, que vocês não encontram há alguns anos; **amigos de parentes**; a amiga da mãe, o amigo do pai e os da tia (a não ser que vocês sejam bem próximos, não há motivos para manter. Por isso, explique para quem queria convidá-lo que não será possível); **ex e afins** (a não ser que vocês tenham uma linda amizade, caso contrário, retire sem culpa); **vizinhos e colegas de trabalho** (se são pessoas com quem você convive, tem uma amizade bem próxima, sai junto com determinada frequência, convide. Caso você só conviva no trabalho ou mora ao lado, mas não conversa com frequência, não há motivos para eles continuarem na sua lista); **amigos virtuais** (se você quer elevar essa amizade, convide. Antes, porém, pense: algumas amizades podem continuar apenas no mundo virtual sem problema algum. Por isso, analise).

Enfim, quaisquer convidados com quem você (e quem mais estiver elaborando a lista) não tiver muito contato ou não convive, que são pessoas que nem sabem que você vai se casar ou nem conhecem o seu amor pessoalmente, devem ser analisados. Será preciso mesmo mantê-los na lista? Se achar que não, tranquilo, retire sem culpa. Nesse dia especial, você e seu amor devem ter ao seu redor as pessoas que amam, que moram nos corações de vocês, que participam da história de amor de vocês e que estejam felizes com essa união.

Um detalhe bem importante que deve ser analisado para a lista é em relação às crianças: irão incluir crianças? Esse é um assunto bem delicado e deve ser discutido seriamente, entre os noivos, se irão deixar ou não de fora os pequenos. Para ajudá-los quanto a isso, o casal pode criar uma lista separada para as crianças, com a idade de cada uma delas, assim ficará mais fácil a análise. Lembre-se: está cada vez mais comum não incluir os pequenos, por isso, não se sintam culpados. Caso resolvam incluí-los, é importante considerar alguns custos, como os de um espaço kids e de monitores, bem como verificar, com o servidor de alimentação, até que idade as crianças são isentas de pagar o bufê e a partir de que idade é cobrado, assim como o valor cobrado para cada uma delas.

É importante considerar também que haverá algumas ausências. Como regra geral, quanto menor a lista, menos faltosos; portanto, quanto maior a lista, mais probabilidade de faltas. Por esse motivo, é aconselhável considerar em torno de 10 a 20% a mais ou a menos. Para ajudar nesse cálculo é que utilizamos o RSVP (isto é, a confirmação de presença). No entanto, lembre-se que, mesmo entre os confirmados, há uma variação, geralmente um pouco menor, e que há tanto aqueles que confirmam e não vão quanto aqueles que não confirmam, mas, no dia, aparecem mesmo que apenas para a cerimônia.

Uma das dicas mais importantes para a lista de convidados, após finalizada, é: preocupe-se com os outros serviços e aspectos do seu casamento. Em outras palavras: foque suas energias em tantos outros pontos que terão de ser vistos; deixe a lista de lado, a partir de agora; não fique sofrendo pelas pessoas que foram retiradas da lista; concentre-se no restante. Você terá bastante ocupação daqui por diante.

A partir de agora, você tem uma média de pessoas e pode começar a fazer pesquisas e orçamentos sobre o local da festa, como também definir se a cerimônia de casamento vai ser no mesmo local da recepção ou se será em alguma igreja, templo, mesquita...

Vamos continuar nosso planejamento? Tenha em mente que um *planner* ou uma agenda será um ótimo amigo para anotar os compromissos que você terá, a partir de agora, para conhecer, definir e assinar contratos com fornecedores. A organização será sua aliada para o sucesso da realização do seu grande dia. Com a finalidade de auxiliar você, nós disponibilizamos um *planner* totalmente gratuito para você anotar todas as reuniões que iniciarão.

Sabemos que o orçamento para a realização da festa pode limitar as escolhas quanto a local e fornecedores. Faça uma breve pesquisa sobre os valores aplicados pelos locais onde você gostaria de celebrar esse momento, bem como sobre qual a antecedência necessária para a reserva e qual é a capacidade de convidados que o espaço comporta. Esses são detalhes extremamente importantes para a realização do evento e acabam influenciando muito na sua lista final. Também disponibilizamos uma planilha de cálculo de custo, a fim de auxiliar você a se organizar com o planejamento financeiro para seu evento.

Se seu sonho é casar-se em um local que comporta, no máximo, 100 pessoas, essa é a quantidade de convidados que você terá. Se necessitar de um grande intervalo de agenda, você precisa reservar e adequar os planos e prazos.

Após definir a data e o local do evento, bem como o número de convidados, você pode começar a pesquisar os demais fornecedores. Salientamos aqui que muitos locais já dispõem de diversos serviços/fornecedores necessários para a realização de eventos, com os quais você pode conversar e fechar acordos, se gostar. Caso opte por contratar um serviço de promoção para seu evento, a equipe apresentará diferentes fornecedores, com seus orçamentos, para você escolher o que melhor se enquadra no que você busca.

O serviço de promoção e assessoria é muito importante, mas você pode organizar seu casamento por conta própria, caso não consiga encaixar esse serviço no orçamento. Com muita pesquisa e conversa entre você e seu amor, e pedindo auxílio e opinião para amigos e conhecidos, você encontrará todos os fornecedores. Caso opte por não ter uma assessoria, recomendamos, entretanto, que você encaixe no orçamento e procure por um serviço de cerimonial para o dia do evento. Esse profissional vai organizar, junto a você, tudo referente ao casamento e, assim, garantir que tudo ocorra conforme planejado quando o grande dia chegar.

Use a internet a seu favor! Existem milhares de sites de casamentos, muitas ideias de celebrações, incontáveis fotos e sugestões, que vão desde a cerimônia até cada pequeno item e detalhe que compõem a decoração. Salve referências do que você e seu amor mais gostam, ou seja, aquela famosa "pastinha de inspiração". Siga nossas redes sociais para acompanhar nossas dicas e sugestões para o grande dia. Se preferir uma atenção especial, você também pode contratar nossa assessoria on-line (mais informações, no final do e-book).

Converse muito com o seu amor. É primordial vocês estarem em sintonia com relação a: o orçamento de que vocês dispõem; as pessoas que convidarão; a escolha dos fornecedores e o estilo de decoração; a forma como a celebração ocorrerá; se será uma cerimônia religiosa, uma cerimônia simbólica ou, ainda, o casamento civil; se vão optar por realizar a cerimônia e a recepção no mesmo local, ou se serão em diferentes espaços.

Para organizar o casamento dos sonhos, é necessário paciência, amor, dedicação e investimento. Porém, veja bem: quando nós falamos em investimento, não nos referimos ao investimento financeiro apenas (embora ele seja muito importante), mas nos referimos também ao investimento de tempo, sonho, expectativa e energia, ou seja, a dedicação e o esforço necessários para tornar o grande dia realidade.

Temos certeza de que você e seu amor estão muito felizes com a organização do casamento de vocês, afinal de contas, é um sonho se concretizando, e vocês estarão unindo os caminhos de vocês em um só. Compartilhar dessa alegria com os pais, familiares próximos e amigos pode fazer o ambiente em torno de vocês fervilhar de ideias, apoio e palpites. Também pode acontecer de vocês ganharem uma ajuda financeira ou, até mesmo, algum serviço ou item para o grande dia — e vamos combinar que toda a ajuda é bem-vinda, já que, como agora você já percebeu, não é tão simples organizar o casamento, como você havia pensado antes, e nem tão barato...

Se você optar por fazer uma cerimônia na igreja/templo/ mesquita, não se esqueça de ir conversar com o responsável, ver o que é necessário para a celebração e reservar a data. O tempo de antecedência varia de acordo com a demanda de cada local, então não podemos dizer para você se deve ir um mês ou um ano antes. Quando escolher a data e fechar um acordo com o local da recepção, já busque reservar a igreja também. Atente-se com relação à data, para garantir que poderá fazer tudo conforme sonhado, planejado e organizado, e no mesmo dia.

O nosso objetivo aqui não é determinar para você o tempo exato ou ideal, até porque varia muito de local para local, casal para casal etc. Já organizamos casamentos com três, anos de antecedência, mas não foi nem uma nem foram duas vezes que organizamos casamentos em um período inferior a três meses. Obviamente, quanto maior a antecedência, melhor para se organizar financeiramente, escolher e garantir a disponibilidade dos fornecedores de que você gostou.

Então, vamos seguir com nosso planejamento.

3

CONVIDANDO AS PESSOAS PARA O SEU GRANDE DIA

Após definir lista, data, hora e local para seu evento, você vai querer informar e convidar os amigos e familiares. Para tanto, será necessário buscar referências de papelaria das quais você goste, e, a partir da escolha, fazer os orçamentos com fornecedores.

Conviterias normalmente desenvolvem um monograma, isto é, uma identidade visual para o casal. Você pode aproveitar essa arte, utilizando-a para todo o material do casamento, o que tornará seu evento totalmente personalizado. Existem milhares de opções de convites. Escolha junto do seu amor o que mais agrada vocês.

3.1 PADRINHOS

Os primeiros convites que você fará serão para os padrinhos, a fim de fornecer-lhes tempo hábil para se organizarem com os vestidos e ternos (ou a roupa que vocês escolherem). Esse tempo também permitirá que eles ajudem com a organização dos chás e do casamento em si.

Você pode identificar, no convite, a paleta de cores escolhida para os trajes dos padrinhos, bem como dar algum mimo para eles usarem no grande dia: pode ser uma gravata, um corselete, uma joia... Enfim, há diversas possibilidades.

No convite dos padrinhos, você já vai informá-los sobre a data do grande dia, a missão deles, o que você espera e, claro, perguntar se eles aceitam essa honra cheia de responsabilidades.

3.2 CRIANÇAS

Além de convidar os padrinhos para o grande dia, muitos casais optam por convidar crianças para participarem do cortejo. Para tanto, você pode fazer um convite especial, com alguma lembrancinha para os pequenos. Eles vão se sentir importantes e adorar fazer parte do grande dia! É importante, porém, conversar com os pais dos pequenos sobre trajes, custos, locação ou compra das roupas e acessórios para que ninguém seja pego de surpresa com relação ao pagamento dos itens, à data do evento e a todos os ajustes necessários para os pequenos abrilhantarem seu grande dia.

3.3 PAIS

Em se tratando de convites especiais, há também a possibilidade de, se você quiser, fazer algo direcionado especificamente aos pais do casal. Não é muito usual, mas vários casais já optaram por fazer um mimo direcionado a seus pais, com o objetivo de formalizar a união das famílias e tornar o momento do planejamento mais próximo, com o envolvimento das mães por exemplo.

3.4 DEMAIS CONVIDADOS

3.4.1 Save the date

Como o nome já diz: "Salve/reserve essa data". É bastante importante você utilizar essa ferramenta, com o intuito de avisar os seus convidados dos planos, com bastante antecedência. Desse modo, eles poderão se organizar com data, transporte, reserva de hotel, trabalho, presente e tudo o mais que for necessário. Lembre-se, no entanto, que o objetivo aqui é avisar os convidados para o grande dia que o casamento já tem a data — e informá-los dela. Demais informações, como local, horário, traje etc., irão no convite. O *save the date* normalmente é um arquivo virtual que você pode mandar por aplicativos de mensagens ou por e-mail, em torno de cinco ou seis meses antes da data do evento. Em caso dos casamentos estilo *destination wedding*, esse envio é indispensável e deve ser feito com pelo menos seis meses de antecedência, para que as pessoas possam se organizar da melhor forma possível para a viagem.

3.4.2 Convite

Podemos dizer que o convite é a ferramenta mais importante para a realização do seu evento. Por quê? Porque o convite vai expressar seus gostos, a partir do modelo escolhido, e, quem sabe, até dar algumas pistas do que você está planejando para o dia do "sim". Além disso, é com o convite que você vai estabelecer o elo com as pessoas mais próximas que estarão ao seu lado no grande dia, pois, por meio dele, as pessoas saberão o quão importantes são para o casal.

No convite, constarão estas informações: data, local da cerimônia, local da recepção, horário, informações para confirmação, o código de vestimenta adotado pelo casal e, ainda, a forma como vocês gostariam de ser presenteados.

De modo geral, aconselha-se entregar o convite com, pelo menos, 60 dias de antecedência, para que o convidado possa se organizar com todos os preparativos necessários para comparecer no grande dia.

3.4.3 *Dress code* ou código de vestimenta

É importante você informar seus convidados sobre o traje esperado para o grande dia. Mas, como assim? Calma, vamos explicar.

O estilo de evento que você for fazer determina o tipo de traje a ser usado. Você pode sonhar com um evento extremamente formal, em local adequado (como um hotel, clube ou similar), que comporte esse estilo. Por isso, deverá informar os convidados que o traje formal será o adequado, assim, eles saberão a etiqueta a ser seguida. Já se o seu sonho for um casamento na praia, deverá informar os convidados, que, então, usarão trajes despojados e informais — assim como em casamentos no campo.

Informar no convite o tipo de traje que deverá ser adotado é uma forma de fazer com que seu grande dia seja como você espera e, assim, evitar conflitos e constrangimentos, como o uso de boné ou bermuda em eventos sociais mais formais, ou o uso de terno em um casamento que você sonhou e idealizou que seja informal. Também é importante para que as mulheres possam escolher o *look* ideal, e não venham a usar salto agulha em um casamento no gramado, por exemplo.

3.4.4 R.S.V.P.

Para auxiliar o anfitrião no planejamento e organização de seu evento é usual utilizar-se das ferramentas de confirmação de presença onde o convidado, em um sinal de educação e cortesia, informará ao anfitrião se comparecerá ao evento, contribuindo para o sucesso deste, uma vez que proporcionará aos organizadores uma forma de estabelecer a infraestrutura necessária em questão de espaço (mesas e cadeiras) bem como alimentação e bebidas.

A sigla *R.S.V.P.* é a abreviatura da expressão francesa *"Répondez S'il Vous Plaît"*, que, em português, quer dizer "Responda, por favor". É muito importante, para a organização do seu grande dia, confirmar o número de convidados que comparecerão ao evento, para que os preparativos não sejam feitos de forma equivocada. Por isso, aconselhamos que você utilize essa ferramenta. Há várias formas de realizar esse serviço, e iremos explicar cada uma delas.

- **Telefone ou e-mail no convite:** no convite, é fornecido um e-mail ou um contato, dos noivos ou da pessoa contratada para esse serviço de R.S.V.P., para que os convidados entrem em contato, até o dia indicado no convite, a fim de confirmar a presença no evento.

- **Site de casamento:** os sites de casamento vêm sendo bastante utilizados, tornando-se, consequentemente, a cada dia mais completos. Eles incluem também esse serviço de confirmação. No convite, os noivos colocam a URL do site, para que os convidados o acessem e realizem a confirmação de presença. Entretanto, esse serviço não é utilizado por todas as pessoas, portanto, ainda há muitos convidados que não estão adaptados a esse tipo de serviço, o que pode dificultar um pouquinho para os noivos.

- *R.S.V.P.* **ativo:** esse é o mais utilizado e o mais assertivo. Ele pode ser utilizado desde o princípio, ou, então, após as confirmações anteriores. Como assim? Simples, o *R.S.V.P.* ativo é a contratação de uma pessoa ou equipe especializada, a qual irá ligar para cada um dos seus convidados. Por conta disso, não é preciso que a solicitação de confirmação seja posta no convite, pois, na lista, vocês já terão os contatos de todos os convidados. Você entregará a lista para esse profissional, e ele irá contatar cada um dos convidados para a confirmação de presença. Esse serviço pode ser utilizado desde o princípio, ou, então, se você fizer questão da opção de site ou e-mail no convite, esse serviço de R.S.V.P. ativo pode ser utilizado apenas para finalizar as confirmações. Assim, após o prazo de confirmação pelo site ou e-mail, esse profissional irá conferir os convidados que faltam ser confirmados e entrará em contato com cada um deles. É, sem dúvidas, o processo de confirmação mais assertivo, mas lembre-se sempre de que, mesmo assim, você deverá ter uma margem de aproximadamente 10% para mais ou menos pessoas presentes (mesmo após a confirmação).

3.4.5 Lista de presentes

Outra informação muito importante a constar no convite é a forma como você e seu amor escolheram ser presenteados. É extremamente usual dar e receber presentes no casamento, portanto, não se sinta constrangido de escolher, com a pessoa amada, a melhor forma de receber, quando for o seu grande dia.

Nesse aspecto, é muito importante vocês considerarem o que vai ser melhor para vocês, ou seja, se vocês estão montando a casa, por exemplo, podem disponibilizar uma lista dos itens que vocês gostariam de ganhar e colocar, no convite, o nome da loja ou URL da lista. Considerem escolher itens de diferentes valores, para que seus convidados tenham opções que se enquadrem no orçamento deles. Vocês, ainda, podem: optar por sites de casamento que disponibilizam listas de presentes fictícios, em vez dos quais vocês receberão o valor em dinheiro para usarem no que acharem melhor; pedir o presente em valor, a ser depositado em conta disponibilizada ou, até mesmo, em um baú, no dia do evento; ou, como alguns casais, informar aos convidados sobre a agência de viagens escolhida para a sua lua de mel, assim, cada convidado pode comprar uma quota da viagem, auxiliando o casal a desfrutar de um passeio a dois, para relaxar, após a organização do casamento.

Converse com seu par e juntos escolham o que melhor se adequar a vocês e aos seus convidados, afinal de contas, vocês conhecem os amigos e familiares que escolheram para estar junto a vocês no grande dia, e sabem o que melhor se aplica à realidade de vocês.

Agora que você conheceu um breve resumo da organização e do planejamento de eventos, convidou todos os amigos e familiares para o grande dia, vamos conhecer um pouco sobre os diferentes profissionais envolvidos para fazer do seu casamento um grande acontecimento de sucesso?

4

CONHECENDO SERVIÇOS E PRODUTOS PARA EVENTOS

Com a finalidade de tornar o seu grande dia um evento memorável, para seus convidados, e o evento dos sonhos, existem diversos tipos de serviços que você pode contratar. Alguns deles são essenciais e extremamente importantes, enquanto outros são um *plus*, isto é, um extra para agradar todos as pessoas presentes e tornar o dia dos sonhos melhor ainda.

Tenha em mente que, a partir de agora, listaremos todos os tipos de serviços que vocês podem contratar, mas não é uma regra. Vocês não precisam dispor de todos esses serviços, mas é bastante importante você conhecer todas as opções, para, assim, escolher e contratar todos os que você e seu par querem no seu grande dia.

4.1 LOCAL DA CERIMÔNIA

O casal pode optar por celebrar a união em algum templo religioso. Por isso, atente-se a prazos de reserva, documentos necessários e tudo o que for preciso para a realização da união de vocês, junto ao padre/pastor/ministro. Lembre-se também de verificar se o local é apropriado para a quantidade de convidados que vocês têm, afinal de contas, a lista está pronta, então vocês já têm uma noção da quantidade de pessoas que terão no grande dia.

Ao definir o local da cerimônia, é importante verificar se ele possui decoração própria, ou se você precisa contratar serviços de decoração, para deixar sua cerimônia de casamento linda, de acordo com seus sonhos. Lembre-se, também, de questionar sobre horários e a disponibilidade para ornamentar e desmontar a decoração, se for necessário contratar terceiros, e se existe alguma restrição e/ou proibição de itens.

Algumas igrejas possuem decoração para casamentos, como tapetes e bases e, até mesmo, arranjos. Você pode verificar se isso está disponível no local escolhido, se o casal gosta do que o local dispõe ou se deverá acrescentar itens para compor o cenário ideal.

De modo geral, também é incluída, nas igrejas, a sonorização mecânica. Lembre-se de conversar com os responsáveis para acertar os detalhes sobre o tipo de mídia para salvar as músicas, e sobre quem vai operar os equipamentos no seu grande dia.

Caso opte por contratar orquestra ou músicos (como violino, coral, teclado ou outros) para tocarem na sua cerimônia, é indispensável verificar com o local e com os profissionais a disponibilidade de todos os equipamentos necessários, para, se for o caso, providenciar. Já pensou se, no seu grande dia, a música ficar baixa por falta de cabo ou caixa? Ou se faltar algum equipamento e, por isso, as músicas não puderem ser tocadas conforme sonhado, planejado e organizado? Para que isso não aconteça, atente-se a esses detalhes.

4.2 LOCAL DA RECEPÇÃO

Se não for o mesmo local da cerimônia, busque escolher e reservar o quanto antes, para garantir as datas com todos os fornecedores escolhidos e também com o local onde acontecerá o rito. Alguns casais optam por fazer a cerimônia civil no local da recepção. Se essa for a sua escolha, verifique, no cartório, como funciona para agendar e quase são os documentos necessários.

O local escolhido também influencia no estilo do casamento, seja pelo número de convidados que comporta, seja, até mesmo, pelo estilo do prédio e/ou da área. Se você optar, por exemplo, por um espaço como sítio ou fazenda, uma decoração rústica ficará ambientada e ainda mais encantadora. Tenha em mente (e acordado entre vocês) qual o seu ideal de casamento, para que possa definir o local dentro das expectativas do casal.

Não se esqueça de verificar a quantidade de pessoas que o local comporta, a fim de acomodar bem todos os convidados e a decoração escolhida, bem como de verificar a estrutura oferecida no local. Esses detalhes importam muito para que o casal possa se organizar. Verifique: se o local dispõe de freezer para as bebidas e qual a quantidade suportada; se itens de higiene, tais como sabonete, papel higiênico e papel-toalha são inclusos no local, ou se vocês precisam providenciar à parte; se o material de limpeza, para manutenção dos banheiros no dia do evento, por exemplo, está incluído ou é à parte. Alguns locais dispõem de louças, serviços e estacionamento; outros não. Verifique exatamente do que o local escolhido dispõe, e atente-se a observar se os itens são incluídos ou cobrados à parte, e se constam no contrato entre vocês.

Converse com os responsáveis pelo espaço sobre: o horário para término do evento; a partir de qual horário estará disponível para os seus fornecedores iniciarem o trabalho; a possibilidade de agendar ensaios e visitas técnicas para escolha e definição de decoração, por exemplo; prazos para levar material e para recolher tudo também. Essas informações sobre a disponibilidade do local e os horários serão importantes na contratação dos demais serviços para o seu grande dia.

4.3 TRAJES

É extremamente importante definir se locará, comprará ou mandará confeccionar o vestido de noiva, por exemplo. Alguns locais solicitam um tempo maior para confecção ou, até mesmo, para reserva em locação, para haver tempo para os eventuais ajustes e a manutenção do vestido.

Também é válido considerar um prazo maior para os vestidos das madrinhas (convide-as com antecedência), para que, caso você escolha modelo ou cor, elas tenham tempo hábil para locar ou providenciar um local para confeccionar o vestido.

4.3.1 Noiva

Lembre-se: escolher seu vestido ideal demanda tempo e dedicação. Pesquise referências de modelos e locais, para garantir o vestido dos sonhos, e para poder orçar o que fica melhor para você.

Queremos que você se sinta DESLUMBRANTE, LINDA, MARAVILHOSA, use o vestido perfeito e sinta-se a noiva mais linda do universo. Você precisa se sentir ABSOLUTAMENTE ESPETACULAR. Para escolher o seu vestido dos sonhos, mesmo que nunca tenha sonhado com um, você precisa procurar em lojas especializadas. Não importa se você vai comprar ou alugar o seu vestido. O que realmente importa é você escolher um modelo que realce todas as suas qualidades, valorize seu corpo, faça você se sentir linda e confortável: um vestido que, quando você experimentar, vai sentir que é o certo; que, com ele no corpo, você seja capaz de se visualizar usando-o no seu casamento; sobre o qual não lhe restem dúvidas de que ficou perfeito para o seu sonho. Lembre-se de experimentar o conjunto completo: vestido, véu, grinalda, coroa, sapato... tudo o que você decidir usar no dia. Sente-se, levante-se, gire, dance, teste todas as possibilidades de movimentação para ver se, além de lindo, ele será um vestido que você conseguirá usar naturalmente e se sentir bem usando — afinal, não queremos que deixe de aproveitar seu momento da melhor forma, por não conseguir nem andar direito.

Escolha o vestido para você. Você pode pedir opinião a outras pessoas, mas se lembre: é seu dia, você é a noiva e só você sabe como se sente. A sua opinião e sua percepção são o que realmente importa. Você estará linda não só pelo vestido que usará, mas porque estará feliz, e ninguém fica mais bonito do que uma pessoa que reluz felicidade, transparece alegria e emana amor.

Existem diversos modelos de vestidos que podem ter um caimento melhor para determinado tipo de corpo, vamos mencionar os mais usados:

Vestido princesa:

O modelo de vestido "princesa" tem o corpete e a cintura bem ajustados, e a saia rodada e ampla. Esse modelo geralmente é utilizado para disfarçar seios grandes e quadris estreitos; entretanto, lembre-se de que você precisa experimentar vários modelos. Se esse for o vestido dos sonhos, e você ficar deslumbrante nele, use e abuse! O importante é você estar plenamente feliz e sentindo-se maravilhosa.

Vestido sereia

O modelo de vestido "sereia" é ajustado ao corpo até a altura do joelho, e, a partir daí, seu caimento alarga. Ele tende a favorecer mais as pessoas altas e longilíneas. Mas lembre-se de que o vestido perfeito é aquele em que, dentro, há uma noiva linda e confiante.

Vestido reto

É o modelo perfeito para quem deseja alongar a silhueta, sendo mais ajustado ao corpo e sem volume na saia. Vestido mais básico, que pode ser usado em diferentes tipos de cerimônia.

Vestido império

Vestido sem muito volume, ajustado no busto. A partir daí, começa a saia, leve e fluida. É um modelo romântico que tende a favorecer noivas que estejam grávidas. Cuidado na escolha do tecido para esse modelo, já que o tecido é o responsável pelo caimento ideal.

Vestido em A

É o vestido ideal para noivas com corpo no formato pera, já que o modelo do vestido em A cria um efeito triangular. É justo na parte do busto, marcando bem a cintura, e contém uma saia que se alarga até os pés.

Vestido evasê

A saia desse modelo começa a se alargar a partir do quadril. Normalmente, recomenda-se usar tecidos macios e fluidos. Pode ser usado por noivas de diferentes biotipos.

Vestido strapless

Pode ser usado com diferentes tipos de saias, mas uma das combinações preferidas das noivas é o decote tomara que caia com saia rodada e ampla, estilo princesa. Não é recomendado para noivas que possuem busto avantajado, mas, lembre-se de que, se for seu sonho, procure um modelo com boa sustentação e experimente. O importante é você se sentir linda e confortável.

Vestido curto

O comprimento da saia é até o joelho. Esse modelo tende a favorecer as noivas com pernas em forma e é usado por noivas modernas e despojadas. Não é muito recomendado para noivas com pernas curtas ou grossas. Apesar disso, é importante salientar que, no seu dia, você tem de se sentir bem e usar o modelo de que mais gostar.

4.3.2 Noivo

Na escolha do seu traje, é importante você se atentar ao que foi definido junto ao seu amor sobre o estilo do casamento de vocês, assim você poderá escolher o modelo do traje que combina com o que já foi estabelecido. Você pode comprar ou locar o *look* ideal. Há diversas lojas especializadas em locação de trajes masculinos, por isso, aconselhamos você a experimentar, testar opções e, desse modo, decidir o que ficará melhor para você.

Vamos ver alguns dos estilos de trajes mais usuais.

Smoking

Extremamente formal. Pode ser usado pelo noivo, pais e padrinhos. No entanto, atenção: os convidados só deverão usar smoking se essa informação for diretamente solicitada no convite. O smoking clássico é composto pelo paletó curto com lapelas em seda (ou cetim), calças de mesma cor e mesmo material do casaco, faixa ou colete, camisa e gravata (tradicionalmente borboleta). É usado apenas em eventos formais e noturnos.

Casaca

O ápice do formal. Usado apenas pelo noivo, em eventos extremamente formais e noturnos. Caso o noivo opte por usar casaca, os padrinhos deverão usar *smoking*. A casaca é curta na frente e tem uma longa cauda em formato de tesoura. O traje completo inclui as peças pretas (casaca, calça, meias e sapatos) e as brancas: colete, camisa e gravata. Tradicionalmente, é usada por maestros e em eventos de gala.

Fraque

Indicado para cerimônias formais. A longa cauda, que vai até a altura do joelho, e o corte triangular na frente são suas principais características. As cores mais comuns para paletó e calça são o preto e o cinza. O colete normalmente é cinza ou branco. Bastante usado pelo noivo, também pode ser usado pelos pais e padrinhos. Em outros países, é um traje formal para eventos diurnos, porém, no Brasil, é usado em eventos noturnos também.

Meio fraque

Raramente usado pelo noivo que opta pelo fraque tradicional, o meio fraque possui uma cauda mais curta e o corte quadrado. Bastante usado pelos padrinhos e pais em cerimônias formais com um toque de informalidade, também é utilizado para cerimônias diurnas.

Terno

Quando se trata de eventos no Brasil, o terno é o mais usado. É composto por cinco peças: paletó, colete, camisa social, gravata e calça. Para ficar mais elegante e com a vestimenta correta, o colete e a calça devem ter os mesmos tecido e tonalidade. Aconselhamos que o terno seja feito sob medida, para garantir um bom caimento, ajustado ao corpo. Tons claros, como cinza e bege, são ótimos para eventos durante o dia; no entanto, se seu casamento for noturno, os tons escuros, como preto e azul-marinho, ficam mais elegantes.

O terno pode ser acrescido de abotoaduras (que podem, até mesmo, ser personalizadas), ter a gravata com a paleta de cores do evento e ser usado com uma flor na lapela. É moderno, atemporal e elegante, e pode ser usado de modo a compor o visual do noivo com o evento.

Calça, camisa e paletó

Um visual informal e despojado para cerimônias durante o dia.

Suspensório

Segue a tendência mencionada no traje anterior — de um visual despojado e informal — para casamentos durante o dia. Sugerimos seguir nos tons claros e terrosos. Fica bonito em casamento ao ar livre, na praia ou no campo, por exemplo (e até mesmo com os pés descalços na areia).

Uma observação muito importante é considerar que o traje adotado pelo noivo deve ser condizente com o vestido da noiva: se o vestido escolhido for longo e formal, sem dúvida alguma, o traje do noivo deverá seguir a mesma linha. O contrário também é válido: se o vestido for informal, leve, com tecidos mais simples, a roupa do noivo não poderá ser um *smoking*, por exemplo. O estilo dos trajes escolhidos deverá combinar com o estilo e o horário da cerimônia, bem como com a decoração e o local escolhidos para compor o casamento ideal.

4.4 CABELO & MAQUIAGEM

Para seu grande dia, você certamente gastará horas pesquisando sobre penteados e maquiagens para compor o *look* ideal, dos sonhos, de capa de revista, para ficar extremamente linda, glamourosa e espetacular. Você está certíssima! É seu grande dia e você tem de estar e se sentir maravilhosa! Para isso, alguns cuidados são indispensáveis. Vamos conhecê-los?

4.4.1 Penteado

Para escolher o seu penteado, é aconselhável que você opte por estilos que possam ser aplicados em seu cabelo e que combinem com seu visual pessoal e o formato do seu rosto. O penteado deve compor o *look* com vestido, maquiagem e — até mesmo — o estilo de casamento de vocês. Como assim? Para um evento informal, não escolha um penteado formal, como um coque todo ajustado e alinhado. Nesse caso, escolha um coque desconstruído, por exemplo. Se você não se sente bem com o cabelo todo preso, busque por penteados soltos ou semipresos, de tal forma que você se sinta bem e confortável, pois, assim, você certamente ficará mais linda ainda (ninguém que esteja se sentindo desconfortável com algum detalhe vai se sentir bem, por exemplo).

Se você tem pouco cabelo ou cabelo fino, busque por ideias que se enquadrem nesse tipo de cabelo (penteados mais minimalistas, por exemplo). O comprimento dele também deve ser levado em consideração e, com certeza, o mais importante de tudo: busque por profissionais que você conheça ou de que tenha boas referências. Além disso, sempre faça um teste do penteado escolhido e, de preferência, da maquiagem também, para garantir que o que você escolheu corresponderá às suas expectativas. É comum acontecer de, a partir das fotos dos penteados, imaginarmos a nós mesmas, arrumadas daquele jeito, e a realidade não corresponder a isso.

Queremos evitar desgaste emocional, ansiedade e estresse, no grande dia. Por isso, fazer o teste do penteado vai evitar surpresas desagradáveis, uma vez que, se você não gostar, poderá escolher outro penteado e tentar de novo. Escute o profissional: ele tem experiência e, com certeza, terá dicas importantes e sugestões maravilhosas para você.

Após definir o penteado, evite alterar o cabelo, a fim de não interferir no que foi escolhido nem danificar o fio. Comentamos isso principalmente em relação ao corte: vai que você escolheu um penteado que ficou lindo no seu cabelo longo, e aí você decide cortar consideravelmente o cabelo antes do grande dia... pode não ter, depois, o mesmo resultado do teste.

Para coloração e retoques, confie no seu profissional e agende com alguns dias de antecedência do evento, para que, se acontecer algo inesperado, você ter tempo hábil para corrigir.

4.4.2 Maquiagem

Assim como explicamos com relação ao cabelo, a escolha da maquiagem requer alguns cuidados relacionados ao seu tipo de pele, à cor da *make* e ao estilo do evento. Escolha a *make* de que você mais gostar, e tenha mais uma opção, para que, se uma não ficar como você espera, você possa experimentar a outra. Pesquise sobre profissionais e busque referências de outros trabalhos e clientes. Converse com o profissional e busque saber sobre os produtos usados e a durabilidade da maquiagem. Ainda: faça um teste do *look* antes do grande dia. Tente encaixar as provas de cabelo e maquiagem no mesmo dia, para que você possa ver o conjunto todo do visual e ter uma noção de como estará no seu casamento. Alguns profissionais oferecem a opção de retoques da maquiagem durante o evento, o que pode ser considerado, se você achar viável. Certifique-se de que os produtos sejam à prova d'água, para que possa deixar a emoção livre, no seu momento, sem perder a *make*. Tenha pelo menos o batom usado, para eventuais retoques, principalmente após a refeição. Desse modo, em todas as suas fotos, você estará maravilhosa — como sempre sonhou.

4.5 DIA DA NOIVA

Queremos você linda, maravilhosa, relaxada, tranquila... Queremos que você desfrute desse dia tão especial, aproveitando-o ao máximo. Foram muitas horas planejando e organizando; foram muita tensão e muito estresse, até que chegasse o grande dia. Que tal, então, você relaxar? Descansar... Arrumar-se com todo o tempo do mundo, com toda a tranquilidade e longe da tensão da organização do casamento... Maravilhoso, não? Então, uma sugestão é que você pesquise por pacotes de "dia da noiva". Existem diferentes locais que oferecem esse serviço, locais especializados em noivas e até salões de beleza com o espaço já preparado para receber você (e quem você convidar para estar ao seu lado nesse dia). Os pacotes podem incluir massagens, banho de banheira, óleos, tudo para deixar você relaxada, tranquila e, claro, absolutamente linda.

Se for da sua preferência ter um dia de noiva, escolha um pacote que inclua o que você achar melhor para você e aproveite, afinal de contas, tudo o que você tinha para resolver sobre o casamento já foi resolvido, você já escolheu tudo, contratou os fornecedores, definiu os detalhes... Agora é seu momento. Confie em tudo o que você resolveu e desfrute desse dia, faça muitas fotos, aproveite para se arrumar e fique tranquila, porque passa bem rápido, e, logo mais, você estará caminhando em direção ao seu amor, em direção à sua nova vida.

4.6 PROCEDIMENTOS ESTÉTICOS E CUIDADOS PESSOAIS

Você está planejando seu dia dos sonhos, e temos certeza de que você deseja estar na sua melhor versão, não é mesmo? Você pode optar por procedimentos estéticos para melhorar ou realçar algum detalhe em você. O importante é você se sentir bem consigo mesma(o) e se sentir maravilhosa(o) no dia.

Com antecedência em relação ao evento, você pode adotar práticas para perder ou ganhar peso; aumentar a musculatura; fazer correções ou clareamento dentários; programar a retirada de aparelho ortodôntico; limpezas de pele; tratamentos faciais; procedimentos estéticos e corretivos também. Não deixe para organizar nos últimos minutos tudo que você precisa para se sentir maravilhosa(o) no grande dia. Programe e agende com antecedência o cabeleireiro, para fazer a manutenção do fio, hidratação, cor etc., bem como depilação, manicure e pedicure, cuidados com a barba e limpeza nos dentes, por exemplo. Na semana do seu casamento, deixe reservados esses momentos e procure não fazer nada fora do usual, para não acontecer nenhum imprevisto que acarrete alguma dificuldade e/ou, até mesmo, alguma lesão que possam prejudicar seu grande dia.

4.7 PROMOTORIA & ASSESSORIA

Você pode organizar seu grande dia contando apenas com este livro, seu amor e suas madrinhas, seus padrinhos e pais, por exemplo, e dar tudo certo. Pode ser um pouco estressante esse processo, mas pode ser que você aproveite e desfrute de todo o planejamento. Mas você também pode ser do tipo de pessoa que não tem tempo, não se sente capaz de acrescentar a organização, pesquisa de fornecedores e contratação dos serviços para o seu grande dia por conta própria. Para isso, portanto, você pode contar com um serviço de promotoria e assessoria.

Nesse tipo de serviço, a pessoa ou empresa contratada por você vai idealizar, organizar, planejar e concretizar o casamento dos seus sonhos, com base no seu orçamento e no que você e seu par escolherem. Esse profissional vai pesquisar os fornecedores, de acordo com as suas necessidades, ideias e disponibilidade financeira, e apresentar essas opções para você. Vai fazer reuniões com os fornecedores, acertar detalhes e fechar os contratos, e cuidar de todos os demais aspectos, para seu grande dia. Vai acompanhar você e seu amor na escolha e definição dos trajes, vai sugerir ideias e serviços e executar tudo conforme for programado. É um serviço extremamente completo que garante um relaxamento maior, já que você não vai precisar se desgastar e investir tanto tempo para escolher e conhecer fornecedores.

Por ser um serviço complexo, é necessário que você busque conhecer o profissional ou a empresa, pesquise sobre clientes e eventos realizados e busque referências — afinal de contas, é o sonho de vocês que está sendo confiado a esse profissional.

Nós, da Organize, somos muito cuidadosas e meticulosas quando somos contratadas para organizar o evento de alguém, pois nós temos total consciência de que estamos trabalhando com sonhos e expectativas, e somos gratas pela confiança de cada cliente. Tratamos cada evento como se fosse para nós mesmas. Ver o sorriso de cada cliente, que se torna amigo, é, para nós, uma recompensa imensurável. Amamos o que fazemos!

4.8 CERIMONIAL & RECEPÇÃO DO DIA

É usual, e até comum, que casais com orçamento mais limitado acabem por organizar por conta própria todo o evento, e contratem apenas o serviço de cerimonial e recepção para o grande dia. Nós, da Organize, trabalhamos muito dessa forma, e dizemos a você, que está iniciando os passos para a realização do seu casamento: **é indispensável que você tenha um(a) cerimonialista no seu grande dia.**

Mas, por quê?

Apostamos que você se perguntou isso! Então, vamos explicar.

Por mais que você e seu par sejam extremamente disciplinados e organizados, existem diversos detalhes que só poderão ser feitos no grande dia, e ter uma pessoa que vocês escolheram, com quem decidiram tudo o que foi idealizado para o casamento, para supervisionar e conferir tudo, no dia, vai possibilitar que vocês o aproveitem, até mesmo para ter o dia de noiva mencionado antes. **Além de todo o preparo e toda a organização antes do grande dia, nós precisamos considerar todo o desenvolvimento do casamento quando chegar o momento. E o casamento em si é composto por diferentes situações e protocolos que devem seguidos.** O(a) cerimonialista tem papel fundamental na organização do evento e no grande dia, pois planeja, organiza e coordena todos os detalhes, para que os anfitriões fiquem tranquilos e o grande dia seja inesquecível. É o(a) cerimonialista quem planeja, desde sua pré-produção até a execução do evento, para que tudo aconteça de forma harmoniosa e perfeita. É por isso que responsabilidade e atenção são qualidades fundamentais em um profissional do ramo. Costumamos comparar seu evento a uma orquestra: cada fornecedor é um músico maravilhoso e competente, que sabe exatamente como tocar o seu instrumento; e o cerimonialista é o maestro, aquele que irá orientar todos os músicos na execução da peça e garantir que a música soe maravilhosa aos ouvidos de todos. As atividades que serão executadas pelo seu cerimonialista variam de região para região, e, por isso, é primordial que você converse e acerte todos os detalhes com a equipe que contratar, de modo a garantir a perfeição do casamento e nenhuma surpresa desagradável.

Exemplos de funções que exercemos: reuniões e visitas técnicas ao local, para preparar todos os detalhes com que você sonhou e desejou para seu casamento; ensaio com os participantes da cerimônia; a montagem do cronograma para o dia do evento, no qual definimos, com vocês, a ordem e o horário para todos os momentos (recepção dos convidados, entrada do casal, cumprimentos, fotos, jantar, distribuição das lembranças, brinde, corte do bolo, entre outros); e a organização do cortejo para a celebração da cerimônia, por exemplo. São inúmeros e inenarráveis os detalhes condizentes à nossa função, os quais garantirão o sucesso do seu evento. Nossos maiores objetivos são tornar seu sonho realidade e que vocês possam desfrutar desse momento de forma plena, sem se preocuparem se tudo está indo bem. Nós estamos lá para isto: cuidar de tudo, para que vocês possam curtir seu grande dia.

4.9 ASSESSORIA ON-LINE

O serviço de assessoria on-line é uma novidade no campo de planejamento do seu grande dia. Feito de forma remota (um benefício que a pandemia trouxe para o setor de eventos), possibilita que casais do mundo inteiro contratem profissionais com os quais se identifiquem, de qualquer canto do país, sem que sejam necessários viagens e gastos a mais. Além disso, dessa forma, casais que não podem ou não querem contratar uma assessoria completa terão o privilégio de organizar o seu casamento do conforto da sua casa!

Nesse serviço, seremos o seu braço direito, a sua melhor amiga. Faremos todo o planejamento do seu evento, auxiliando em cada detalhe e em cada contratação. Com você, montaremos um roteiro, um cronograma do evento, para que você possa pedir a ajuda de um amigo ou familiar, ou, até mesmo, contrate alguém para executar o roteiro planejado por nós, no dia do seu evento. Isso é para que tudo saia perfeito, exatamente como você sonhou!

Nesse serviço, você terá algumas reuniões com a sua assessoria, de forma que ela guiará todo o seu planejamento; dará lições de casa (para que vocês preencham e tragam para as próximas reuniões, visando otimizar os encontros); e analisará os contratos com fornecedores, para que você tenha mais segurança em meio a tantas contratações. A assessora auxiliará você, desde para a confecção da lista de convidados e a definição da paleta de cores, a até os últimos detalhes e compromissos na semana do evento. Ela não estará de corpo presente no grande dia, mas deixará tudo pronto para que você entregue tudo prontinho nas mãos de quem irá executar o cerimonial do dia do evento, podendo essa pessoa ser um amigo ou amiga que, com a assessoria on-line, estará preparado para conduzir seu evento.

Então, não se perca mais em meio às pastilhas do Pinterest, ou às tantas outras inspirações que a internet nos oferece. Contrate o serviço de assessoria de uma pessoa qualificada e experiente, para que seja possível tornar o seu sonho realidade! Nós, da Organize, trabalhamos bastante com a assessoria on-line, e teremos o maior prazer e a maior satisfação em estar com você na organização do seu sonho! Mais informações sobre a nossa assessoria on-line você encontra no nosso site (www.organizecerimonial.com.br. Acesse já!).

4.10 PALETA DE CORES

A paleta de cores é o coração da identidade visual do seu casamento. Ela será responsável por padronizar todas as cores a serem usadas no seu grande dia, que vão desde a decoração e as flores, até os convites e demais personalizados. Com certeza, farão toda a diferença na construção, no planejamento e nas escolhas do seu casamento.

Devido à tamanha importância, iremos dispor de algumas dicas para facilitar na escolha da paleta de cores. É essencial que você peça ajuda para o seu decorador, pois esse profissional é o que mais poderá ajudar você nesse momento; dirá as tendências; apresentará os mobiliários; a infinidade de cores e de combinações possíveis (e outras até mesmo improváveis de combinarem, mas que, no contexto geral, ficam lindíssimas). Entretanto, além de ser essencial você ter um ótimo profissional decorador, é essencial que você converse com o seu amor para saber quais são as suas cores preferidas. Elas combinam ou não entre si? Dentre essas preferidas, pesquise decorações; use e abuse do Pinterest e da internet como um todo; veja inspirações de casamentos nesses tons de que vocês tanto gostam; brinquem com esses tons. Se o casal gosta de azul, brinquem com o azul, indo do tom mais claro até o mais escuro — e assim sucessivamente com outras cores. Com a ajuda de um profissional, vocês chegarão a um consenso de quais as cores que mais agradam vocês.

Claro que o ideal é você levar em consideração o local onde será realizado o evento; sua estrutura; as cores que há lá. O estilo de casamento e até mesmo a estação do ano podem influenciar na escolha dos tons. Uma dica muito valiosa é: pergunte para o seu profissional sobre as tendências, mas não se apegue a elas, não se apegue às modinhas atuais. Lembre-se de que esse momento e esses registros ficarão para sempre na sua vida. Toda a vez que você olhar o álbum e reviver esses momentos, temos a certeza de que você se agradará mais por ter visto *sua* cor preferida, do que se visse a cor preferida da época — e que nem é de seu agrado. Então, pense em vocês, para que cada convidado presente no local possa olhar para cada cantinho, cada detalhe, e consiga visualizar vocês, o amor e a essência de vocês.

4.11 DECORAÇÃO

Se o estilo do evento é considerado o corpo do casamento, a decoração seria como a sua alma, pois é um ponto-chave da festa. É a partir dela que definimos todos os mínimos detalhes que comporão o evento. É um momento divertido e íntimo, que pode causar um certo nervosismo, pois seu maior desejo é ter um evento dos sonhos, e é aqui que você passará mais tempo e também onde uma boa parte do seu orçamento irá ficar. Investir em uma decoração deslumbrante fará toda a diferença para tornar seu evento épico e memorável. É na decoração que será expresso o estilo do casal. Ela é responsável por dar aquele toque especial e inesquecível, de beleza e sofisticação a um local, transformando o espaço em um cenário encantador.

A escolha do profissional é extremamente importante, então procure e busque se informar sobre o trabalho dele. É muito importante que a decoração do casamento seja executada por quem tem experiência. Busque muitas ideias e inspirações para já chegar com algo planejado, mas entenda que são apenas ideias, não é para copiar. O que faz o evento ser memorável é o fato de ele conter parte da história do casal, e esses detalhes não podem ser copiados. Por isso, cada decoração é única e especial, e, para ser perfeita, deve ser escolhida meticulosamente. E, convenhamos: é uma delícia escolher cada detalhe, cada copo, cada guardanapo, cada flor, cada docinho...

Busque segurança na pessoa que vai decorar seu evento. Ela deve passar confiança. O ideal é começar a orçar e procurar fornecedores o quanto antes. Quanto mais tempo você tiver para cuidar desses detalhes, menos dor de cabeça e menos ansiedade você terá. Não julgue um livro pela capa: nem sempre preços altos são sinônimo de um bom trabalho; preços abaixo do mercado nem sempre são sinônimo de um mal profissional. De qualquer modo, sempre tenha o cuidado de saber se esse profissional realmente cumpre o que promete, pois isso evitará que você tenha um serviço mal prestado.

Depois de conhecer o profissional e gostar do trabalho dele, deixe bem claros o seu orçamento e o seu estilo, assim ele pode criar o melhor cenário com o que está sendo oferecido. Fique atento ao contrato, que deve listar tudo o que vocês combinaram. Além disso, procure referências de outros clientes (ou na internet mesmo).

Existem muitos tipos de decoração, e cada uma tem seus aspectos principais, que são mais marcantes do que em outras. Você pode optar por utilizar um tipo de decoração ou mesclar alguns tipos, conforme os gostos pessoais de vocês. O importante é que o casal dedique parte do tempo para aproveitar, ao máximo, esse momento especial.

A seguir, separamos alguns dos principais estilos de decoração, para que você possa conhecê-los um pouco mais e pesquisar fotos sobre os que mais gostar.

- Clássico: uma festa mais conservadora. Nesse estilo, a ideia é compor o casamento com elementos elegantes e discretos. Tons mais claros, com base principalmente no branco, detalhes em cores suaves, como o bege ou salmão, o brilho do cristal, prataria e porcelanas dividem espaço com arranjos discretos, feitos de rosas e velas. Tudo muito sofisticado. Uma variante do clássico é o romântico, no qual os detalhes trazem mais apelo sentimental. Esse é um típico casamento de princesa, no qual se pode abusar do vermelho e dos tons de rosas, para trazer um apelo mais marcante, quebrando a monotonia do branco e sua suavidade.

- Rústico: utilizar um ambiente com cores terrosas e uma iluminação mais quente acaba produzindo espaços aconchegantes e alegres. Seu estilo pode ser refletido na harmonia da mobília em madeira pesada; cachepôs de madeira de construção ou cipós trançados; centros de mesa de xaxim com flores campestres; detalhes em bambu; entre outros — o que acrescenta, ao seu evento, um toque muito especial. É ideal para espaços mais despojados e em contato com a natureza, como sítios ou praias. Basicamente, a decoração rústica é marcada por elementos mais simples e fortes, que remetem à vida no campo. A esse estilo, você ainda pode acrescentar itens mais antigos, originais, e abusar dos elementos estilizados, com pátina, cores envelhecidas e folhagens secas, trazendo o romantismo clássico dos anos de 1940 e 1950, dando à sua decoração um estilo vintage.

> Se optar por uma linha mais naturalista, com um ar mais do estilo *hippie*, a sua decoração rústica pode adotar os aspectos do estilo *boho*, muito utilizados em ambientes abertos, com uma linha mais bucólica, com itens de papel, galhos secos e cores mais vibrantes. Outra variante interessante seria ainda o rústico-chique, estilo em que utilizamos os aspectos principais do tradicional-rústico, mas acrescentamos detalhes mais glamourosos, como tapetes felpudos, porcelanas e cristais — sem esquecer lustres e flores mais nobres, ou seja, detalhes mais rebuscados que trazem um ar mais elegante para o estilo.

- Temático: quando a criatividade e a cumplicidade são o ponto-chave do casal, não temos o que discutir: teremos uma linda decoração temática, para a qual o casal escolhe um tema, de acordo com seus gostos, *hobbies*, profissão ou sonho... É só deixar a imaginação tomar conta, e expor todos esses detalhes para seu profissional responsável. Você pode se inspirar no cinema, indo desde filmes clássicos, como *Dirty dancing* (1987), a filmes com um apelo mais fantasioso, como *Senhor dos anéis* (2001); você pode fazer sobre o seu livro preferido, como *Harry Potter*, ou escolher um cenário mais extravagante, estilo praia, espaço etc. O casamento pode ser feito com base em algum evento que marcou a vida do casal, como as Olimpíadas, ou ser um casamento com aspectos culturais, como um ritual celta. Enfim, existem inúmeras ideias que podem ser abordadas pelo casal, e, com elas, pode ser feito o evento inteiro temático, ou se pode personalizar somente parte da decoração, delimitando-se a detalhes ou espaços específicos.

- Moderno: abusando de formas geométricas e temas mais ecológicos e alegres, a decoração moderna está sempre em alta para as noivas mais descoladas e antenadas. Seguir as últimas tendências é o aspecto mais importante, porque o estilo é naturalmente atualizado a todo momento. Por meio de feiras e revistas do setor de eventos, ou a partir das mídias sociais, o importante é estar sempre antenada às mudanças. Você também pode abusar da criatividade acrescentando detalhes a decoração e incluindo lâmpadas quentes, o que o deixará com o estilo mais industrial, no qual se pode também abusar do preto e de iluminações, principalmente suspensas sobre o altar e dos ambientes principais da decoração (aproveitando que suspender objetos decorativos está muito em alta). Quem quer apostar nessa variante do moderno precisa se preocupar com o local, pois isso fará toda a diferença. O mais indicado seriam galpões e armazéns destinados especialmente para festas e eventos, por possuírem um formato mais bruto, o que lembra o dia a dia fabril.

- Minimalista: com um apelo mais discreto, o casamento minimalista tem base na elegância e no charme da simplicidade, fazendo com que todos os elementos reflitam o gosto do casal e tornem o evento realmente único e inesquecível, proporcionando uma experiência muito gratificante aos convidados. O "menos é mais" nunca sai de moda, e, no estilo *clean*, tudo tem um objetivo e um porquê, todos os elementos têm uma função e são harmonizados sem exageros. Nesse estilo, o foco está em formas básicas e ângulos mais retos, e podemos utilizar cores mais fortes, caso o objetivo seja destacar algum detalhe.

Agora que você já conhece os principais tipos de decoração, aconselhamos que converse com seu profissional decorador e com sua assessoria, pois é importante organizar todos os detalhes da decoração, cuidando para ter um maior envolvimento com os convidados, para mostrar-lhes como cada um é especial, nesse momento importante da vida do casal. Lembrando que, na decoração, será expresso o estilo do casal. Ela será a responsável por dar aquele toque especial e inesquecível, de beleza e sofisticação, a um local, transformando-o em um cenário encantador. Será com esse cenário que todos os seus amigos e familiares perceberá o clima do evento, e como cada detalhe foi pensado em prol de uma experiência mais gratificante, despertando, assim, as emoções mais positivas possível. Além disso, lembre-se de que, com os detalhes da mobília e das artes florais, teremos cenários harmônicos e de grande beleza, que ficarão gravados tanto na memória dos convidados como nos cliques dos fotógrafos. Atente-se para deixar acertado o local com a data e a hora, pois isso influencia muito o seu estilo.

4.12 FLORES

As flores são um dos itens mais importantes em uma decoração. Elas trazem vida e deixam os ambientes mais alegres e bonitos, dando um toque muito especial a eles.

Como nossos objetivos principais são que o seu sonho torne-se realidade e que você possa olhar para a sua decoração e ver ali tudo o que você sonhou, precisamos alertá-los sobre alguns detalhes em relação às flores. É comum que as noivas e os noivos não conheçam muitas variedades de flores e, principalmente, em que época do ano elas florescem. Para entender isso, é importante que você pesquise um bom profissional da área e seja auxiliado por ele, pois, caso contrário, o seu casamento dos sonhos pode não ser completo por faltar aquela flor com a qual você sempre sonhou. Um exemplo disso são as noivas que sonham em enfeitar seu casamento com Tulipas em dezembro ou em janeiro. Nesse caso, se formos considerar que nosso país possui clima quente o ano inteiro em algumas regiões, mas que, na região sul, temos clima frio entre junho e setembro, infelizmente isso não será possível. Tulipas são flores de inverno e, por causa disso, não são encontradas nas épocas mais quentes do ano. Em alguns raros casos, você pode até mesmo conseguir encontrar essas flores, porém certamente os valores serão absurdamente mais caros.

Portanto, para um orçamento mais em conta, pesquise e tenha em mente quais são as flores que mais lhe agradam, consulte as épocas de cada uma das suas preferidas, visite floriculturas, use e abuse de sites de decoração e tente visualizá-las em seu evento. Há também algumas variedades de flores que estão presentes durante o ano todo. Se você se agradar dessas, elas são ótimas escolhas, principalmente porque você conseguirá um orçamento ainda mais em conta.

Uma das dicas mais importantes é variar as flores. Nesse caso, utilize aquela sua preferida em alguns vasos principais, mas busque mesclar outras flores que combinam com ela, utilizando as mais nobres com as mais acessíveis. Desse modo, mesmo com um orçamento mais enxuto, você terá lindos arranjos.

Peça ajuda de sua assessoria e do profissional de decoração ou do florista quanto às escolhas de cores. É importante que você já tenha uma paleta de cores. Ainda assim, as flores podem fugir um pouco da paleta, desde que ela combine e dê charme e vida à decoração. Uma cor a ser destacado é o verde de muitas plantas. Hoje em dia, muitas pessoas têm adorado a ideia de utilizar muito verde em seus arranjos, fazendo com que isso seja uma tendência.

A escolha das flores depende também do local de realização do seu evento, por exemplo, um evento exposto ao sol precisa de flores mais resistentes ao sol e ao calor. Você pode procurar também por sugestões de cores conforme o tipo de evento. Quanto a isso, podemos citar os eventos rústicos que, em geral, utilizam mais folhas verdes ou flores mais coloridas. Em casamento na praia, é costume usar flores mais miúdas, como mosquitinhos, chuva de prata, e até mesmo tons claros ou ainda coloridos. Nos casamentos ao ar livre, geralmente são utilizados tons mais claros, inclusive flores brancas. No entanto, lembre-se que esses são apenas exemplos do que geralmente é utilizado, pois você pode pesquisar inspirações que mais combinam com o seu estilo e com o estilo de casamento que você sonhou.

Evite ou tenha cuidado com aromas muito marcantes em determinados pontos da decoração. Há flores muito perfumadas. Se fizer uso dessas, opte por não as utilizar nas mesas dos convidados, a fim de evitar alergias e incômodos. Após esses cuidados, ouse usar muitas flores, pois, com certeza, você irá amar o poder que elas possuem em uma decoração. Use e abuse dos tons e das texturas, misture as variantes e deixe seu grande dia único, especial, encantador e, certamente, memorável.

4.13 ALIMENTAÇÃO

Um dos serviços mais caros e importante do seu casamento é o bufê, pois, sem sombra de dúvidas, ele é um dos aspectos que mais chama a atenção no grande dia. Desse modo, é necessário um pouco mais de atenção na hora de escolher seus fornecedores, pois, nessas horas, todo cuidado é pouco. Conte com a ajuda de sua assessoria contratada, mas se não estiver fazendo uso desse serviço importante, pegue dicas com suas amigas e com seus parentes que casaram há pouco. Outra ideia é pedir informações com o local onde será realizado o evento, mas sempre faça uma pesquisa minuciosa ou peça para sua assessoria fazer, pois nem sempre a empresa que sua amiga contratou tem o melhor serviço para o seu estilo de festa.

Tendo em vista o seu planejamento, e com um orçamento já previamente definido, temos que ter os pés no chão para acertar na escolha do bufê. Para termos sucesso nisso, é preciso ter em mente alguns aspectos importantes. Dentre eles, a lista de convidados é o aspecto mais significativo, já que temos um orçamento definido e iremos respeitá-lo, a fim de que não ocorram problemas futuros para o casamento como um todo. Se tivermos a quantidade de convidados correta, isso nos auxiliará em como iremos definir o tipo de serviço que iremos servir. Isso vale também para a carta de bebidas e o cardápio. É importante definirmos o tipo de serviço, pois algumas ideias de cardápio tendem a ter um custo mais elevado. Apesar disso, o maior preço também proporciona uma experiência mais significativa. Outro aspecto importante seria o local para o casamento, porque talvez o que foi escolhido não tenha a infraestrutura adequada para certos estilos de bufê.

Você deve pensar como um todo, pois toda decisão que tomar irá influenciar em todos os mínimos detalhes de seu casamento. Desse modo, para entregar uma experiência mais gratificante para os seus convidados, é preciso levar em conta o estilo de casamento, o bufê ideal e um local apropriado.

Agora, iremos falar um pouquinho dos principais tipos de serviço de bufê utilizados:

4.13.1 Coquetel:

o coquetel de salgados é um serviço muito utilizado por casais com um orçamento menor. Ele consiste, basicamente, em servir opções variadas de canapés e de salgados quentes (fritos ou assados), que podem ou não ser seguido de um prato. Essa opção pode ser servida em ilhas ou em estações, ou, ainda, com um serviço volante.

4.13.2 *Brunch*:

habitualmente, é servido a partir das 11 horas da manhã e durante toda a tarde. O *brunch* é uma mistura de café da manhã com almoço, sendo muito utilizado em eventos ao ar livre. Com um cardápio simplista, os principais itens inclusos são quitutes típicos em cafés da manhã, como bolo com e sem cobertura, pães variados, geleias e frios, além de outras comidinhas mais substanciosas, como omeletes, saladas e tortas salgadas. Isso torna o cardápio mais barato se for comparado a outros serviços mais sofisticados.

4.13.3 Menu degustação ou *finger food*:

com uma proposta mais dinâmica, o menu degustação ou *finger food* conta com miniporções sendo servidas durante todo o evento. Nesse caso, o foco é que os convidados tenham uma nova experiência gastronômica. Abusando da criatividade, e com diversos utensílios para servir as comidinhas, os garçons vão passar as mais variadas opções contratadas, enquanto os convidados irão degustá-las em pé ou em *lounges*. Isso torna seu evento mais informal, mas sem perder o *glamour*.

4.13.4 Americano:

esse é um dos serviços mais populares nos eventos brasileiros. Ele conta com ilhas ou com estações de bufê nas quais são servidas as opções de comida da festa. Essa opção é bem utilizada, pois agrada muito aos convidados, já que conta com mais liberdade para eles escolherem suas preferências, bem como as quantidades ideais de que irão se servir, evitando, com isso, desperdícios.

4.13.5 Empratado:

esse serviço é mais utilizado em eventos onde os convidados são, em sua grande maioria, da terceira idade. Nele, os pratos já vêm montados e prontos, sendo direcionados até a mesa dos convidados em um determinado horário. Com isso, eles não precisam levantarem-se para se servir. Uma das desvantagens é que com os garçons constantemente circulando pelo espaço, pode ocorrer do evento ficar engessado, pelo menos até o fim do serviço. Outro detalhe importante é que por serem pratos prontos, os convidados devem comê-los no horário pré-definido e na quantidade definida. Além disso, muitas vezes, os cardápios são bem pouco variados.

4.13.6 À francesa:

Muito mais utilizado nos países europeus, esse serviço é o mais requintado. Nesse estilo, o jantar é servido enquanto os convidados estão sentados. O menu geralmente contém uma opção de entrada, um prato de salada, o prato principal e, por fim, a sobremesa. O que diferencia esse serviço dos outros é que o prato principal é oferecido pelo garçom em travessas e o convidado mesmo se serve. Já a entrada, a salada e a sobremesa são servidas no modelo de empratados.

Agora que você já sabe um pouquinho sobre os tipos de serviço mais utilizados, vamos fazer uma lista de possíveis fornecedores e ver se eles se encaixam dentro do estilo definido. Veja, nas páginas das empresas, os pontos fortes e fracos delas. Aproveite a internet para checar as informações e a reputação que essas empresas possuem. Busque entender os problemas comuns mais recorrentes e como foram solucionados por esses fornecedores.

Conforme os critérios forem sendo definidos e aplicados, a lista de fornecedores tenderá a diminuir e, no geral, ficarão somente aqueles que se adequam à proposta final. Agora, vamos consultar as possibilidades de datas para a degustação. Lembre-se sempre de tirar todas as dúvidas que tiver tanto em relação aos pratos servidos quanto à maneira como serão servidos. Observe, também, como está o serviço dos garçons e aprecie, com calma, os pratos oferecidos. A degustação não tem o objetivo de saciar você totalmente, já que ela serve principalmente para que você perceba a qualidade e quais são as melhores composições de pratos. Tenha em mente que servir um grupo pequeno é diferente de servir dezenas de pessoas e, desse modo, por mais esforçados que sejam os profissionais, sempre pode haver algumas diferenças nos serviços.

4.13.7 Dando um passo de cada vez: o que você precisa para ter um cardápio perfeito?

Já sabemos o número de convidados e o estilo de festa que iremos querer, já definimos o estilo de bufê e já fizemos a degustação para conhecer alguns pratos, mas como vamos escolher o cardápio ideal? Para isso, devemos levar em consideração alguns detalhes que às vezes passam batido. Primeiramente, o clima é muito importante para a definição do seu cardápio. Tendo isso em vista, torne-o seu aliado na escolha dos pratos. Para os climas mais frios, abuse de pratos quentes e encorpados, como caldos, cremes e *consommés*. Já nos climas mais quentes, ofereça refeições mais leves e refrescantes. Em meia estação, o uso do tradicional menu com massas e carnes será bem-vindo. Lembre-se de que, no entanto, para toda regra há exceções; portanto, se essa não for a sua vontade, sinta-se livre para servir cremes e sopas em períodos mais quentes do ano bem como canapés e saladas nas épocas mais frias. O mais importante de tudo é um cardápio balanceado e que agrade a todos os convidados. Desse modo, faça uso da previsão do tempo e das informações que possui como auxílios na hora de definir seu cardápio.

No entanto, não preze somente pelo seu gosto pessoal. Em vez disso, tente combinar o estilo de casamento com o cardápio. Muitos casais acabam pecando nesse aspecto e, com isso, acabam diminuindo a experiência oferecida para seus convidados. Se você for fazer, por exemplo, um casamento no campo ou na fazenda, e com uma quantidade significativa de convidados, a tendência é que a decoração seja mais rústica, então opte por um serviço americano e com uma comida mais típica e simples. Por outro lado, se você for fazer um *mini-wedding* na praia, então um cardápio mais leve, composto por frutos do mar, saladas e canapés com uma espumante, tornará todo o evento uma experiência mais gratificante. Peça ajuda para a sua assessoria ou para os profissionais contratados a fim de que lhe auxiliem nas suas dúvidas e nos seus questionamento de como montar o melhor bufê.

Se você seguiu nossas dicas de como montar uma lista de convidados e criar o perfil deles, você percebeu que pode ter pessoas com restrições alimentares. Nesse caso, para que sua recepção de casamento seja uma experiência memorável para seus convidados, nada melhor do que ter uma maior diversificação no seu cardápio. Tendo isso em vista, duas opções de prato principal já são suficientes, ou, ainda, você pode adotar um cardápio de fácil acesso, o que provavelmente irá agradar ao máximo de pessoas possível. Para que todos saiam satisfeitos, combine tudo com os profissionais contratados.

Outro detalhe importante é o horário da cerimônia. Dessa forma, analise-o com muito cuidado antes de definir a carta de bebidas, pois aquelas com um alto teor alcoólico, como uísque e vinho, são mais bem vistas em eventos noturnos, enquanto coquetéis de frutas, espumantes, cervejas e drinks variados são mais recorrentes em eventos diurnos. De novo, salientamos que isso não é uma regra obrigatória, mas é, certamente, uma dica para lhe ajudar a definir as bebidas. Aposte também em variedades, pois existem aqueles que preferem bebidas não alcoólicas. Desse modo, ofereça também refrigerante, água com e sem gás, sucos e veja qual o tipo de bebida combina mais com o seu cardápio. Tenha em mente o seu orçamento e avalie se realmente compensa servir bebidas mais sofisticadas e caras. Se for possível, opte por um bar de drinks ou por uma ilha de caipirinhas, pois isso geralmente faz sucesso depois do jantar.

Você, nesse momento, deve estar percebendo que todas as escolhas, por menores que possam ser, estão ligadas intimamente com todos os aspectos do seu evento e, por isso, a escolha de uma boa assessoria é importante. Além disso, sempre conte com a ajuda das pessoas mais próximas de você, pois elas irão lhe ajudar a criar um cardápio que combine com o seu estilo de evento. Por mais que cada cardápio seja mais bem aceito em determinados estilos de casamento, a variedade que pode ser montada ainda é gigante. Uma vez que há muitas opções, é certo que você encontrará algo que agrade a todos e torne seu casamento inesquecível.

Preste atenção em todos os serviços que o fornecedor contratado oferece para que nada seja surpresa. Observe se a louça está inclusa e se ela é do seu agrado. Preocupe-se com a maneira como o bufê será servido. Veja se os funcionários trabalham devidamente uniformizados, entre outros pontos. Algumas empresas incluem a bebida no seu pacote, já outras não. Existem lugares nos quais você pode contratar os serviços de garçons separadamente, então veja se eles atendem a todos os seus requisitos e se isso será colocado em contrato.

4.14 MESA DOS DOCES

A mesa de doces, com certeza, é um dos momentos mais esperados pelos convidados, e a prova de doces é um dos mais esperados pelos noivos. Entre as escolhas que vão surgindo durante os meses de planejamento que antecedem o tão esperado dia, haverá a degustação dessas gostosuras, a tão esperada prova dos docinhos, convenhamos que é uma das melhores partes, não é mesmo?

Desse modo, assim como todos os outros detalhes do evento, a escolha de doces também deve ser algo bem pensado e discutido entre o casal. Não podemos escolher apenas o que mais nos atrai, não é mesmo? É importante que você questione o profissional em relação aos doces mais pedidos, até para saber o que os convidados mais gostam. É importante que haja doces mais sofisticados e diferentes, se assim você optar, mas lembre-se de que, na sua listinha de escolhas, deverá haver alguns doces mais tradicionais, como o famoso brigadeiro. Muitas pessoas gostam do tradicional brigadeiro e, além disso, ele é o que atrai a criançada, portanto se você quiser agradar aos seus convidados, a sugestão é que você tenha uma mesa de doces bem diversificada. Se você quer mostrar ainda mais carinho e cuidado com alguns convidados em específico, verifique sua lista e veja se há pessoas com restrições alimentares. Caso haja, opte por contratar também doces sem glúten, sem lactose, ou sem açúcar, conforme as restrições das pessoas que estarão presentes no seu grande dia. Sabemos que é praticamente impossível agradar a todos, mas certos cuidados são necessários.

É importante que você converse com a empresa a qual pretende contratar para, além de conhecer as variedades, verificar a quantidade de doces, pois existem algumas particularidades e, desse modo, a quantidade pode variar de região para região e de acordo com o tamanho do doce. De modo geral, indicamos uma média de cinco a seis doces para festas de até quatro horas de duração. Para casamentos e para demais festas maiores, as quais possuem em torno de oito horas de duração, aconselhamos, em média, sete a oito doces, mas, claro, cada anfitrião conhece seus convidados como ninguém e é importante que o casal converse também sobre as quantidades.

Durante a escolha dos doces, é importante que vocês passem todas as informações, para a empresa contratada, referentes à decoração da mesa de doces e à personalização deles de acordo com as cores e os temas da festa. Lembre-se de que a mesa de doces é um dos maiores destaques da festa, portanto ela precisa estar linda e deliciosa. Seu profissional de decoração também necessita de informações em relação aos doces, como as cores deles, para que haja harmonia com a decoração, mas principalmente em relação à quantidade também, a fim de que haja bandejas suficientes para uma mesa bem linda assim como a que você sonhou. Não tenha medo de uma mesa bem cheia e diversificada, já que uma mesa de doces cheia enche os olhos dos convidados, que ficam de queixo caído, aguardando o grande momento de se aproximarem da tão esperada mesa e, claro, de degustarem aquelas delícias. Há ainda os casais que preferem uma mesa menor, sem muitos doces, e não há problema algum nessa escolha. Você pode muito bem deixar combinado com a equipe que os doces serão servidos diretamente nas mesas dos convidados.

Atualmente, muitas empresas de doces incluem ou cobram um valor adicional para montarem a mesa de doces. Esse serviço é bem importante, mas caso não haja na sua cidade, ou se você preferir não o contratar por quaisquer que sejam os motivos, converse com a sua assessoria, que é o seu braço direito na organização para que, juntos, definam quem irá montar a mesa de doces. Além disso, é importante que sua assessoria passe os horários para a empresa contratada, a fim de que tudo fique pronto antes do esperado e que não ocorram atrasos. É importante que a mesa de doces, assim como toda a decoração em si, fique pronta cedo. Desse modo, haverá tempo hábil para que a empresa de fotografia e filmagem possa eternizar todos os detalhes do seu grande dia.

Você sabia que a mesa de doces é uma das particularidades aqui do Brasil? Casamentos, em outros países, não costumam ter uma mesa de doces com tantos docinhos dispostos e com uma decoração tão caprichada. Então, se for do gosto do casal, capriche na mesa de doces!

4.15 BOLO

Tradicionalmente, o bolo de casamento era servido para trazer boa sorte ao casal. Atualmente, ele ganhou força e mostra-se indispensável para muitos casais, sendo uma peça central na decoração de casamento. Além de mostrar-se importante para muitos casais, alguns convidados esperam o momento do bolo e até questionam alguns fornecedores quando o momento do corte do bolo demora. Então, é preciso ou não colocar o bolo de casamento? Quanto a isso, não há regras. É você quem precisa avaliar o seu estilo de casamento e, além disso, são você e seu par que conhecem seus convidados como ninguém. Desse modo, vocês dois serão capazes de avaliar se seus convidados gostam, esperam pelo bolo em outros eventos e se esse é um assunto bastante comentado por eles nos pós-festa. Alguns pares optam por não colocar o bolo de casamento, de acordo com a decoração e o estilo do casal, não se importando muito com a opinião dos convidados, ou seja, converse com o seu amor e decidam se o bolo é algo importante para vocês ou se ele não faria falta alguma.

Após decidir entre ter ou não ter o bolo, agora é o momento do restante das decisões atreladas a ele. Bolo real ou cenográfico? Eis uma decisão um pouco difícil para a maioria dos casais. Vamos conhecer um pouco dos dois para chegar a uma conclusão.

O bolo verdadeiro, ou bolo real, como muitos chamam, é aquele bolo produzido inteiramente na cozinha, com massa, cobertura e recheio comestíveis. Ele tende a pesar um pouco mais no orçamento, pois tem um preparo muito detalhado, estrutura, camadas e tudo o mais. O custo dele também é elevado em comparação com o outro tipo de bolo.

O bolo cenográfico é aquele que possui a sua estrutura e os seus acabamentos feitos com materiais duradouros, como massas coloridas, biscuit, entre muitos outros materiais. Ele geralmente pesa menos no orçamento.

Uma terceira opção seria você encomendar um bolo natural mais simples, o popularmente conhecido como "bolo colchão", o qual é retangular e não tão decorado, para ser servido diretamente para os convidados. Já na decoração, pode ficar apenas o cenográfico, com seu charme e sofisticação.

Outra dica: se você procura por um custo menor, você pode alugar um bolo cenográfico, pois, com certeza, o valor cobrado no aluguel será bem abaixo do que se você mandasse fazer um exclusivo para a festa do seu casamento.

Cada um dos tipos de bolo tem suas particularidades e suas vantagens, sendo importante levar em consideração o estilo do casamento e o seu orçamento. Observamos, ainda, que você também tem a possibilidade de utilizar os dois, para um completar o outro. Exemplo: você gosta de um bolo de cinco andares, mas possui apenas 50 convidados; nesse caso, não há sentido em fazer um bolo real de cinco andares, mas você pode fazer três andares de bolo cenográfico e dois andares de bolo real. Dessa forma, você conseguirá ter o bolo dos seus sonhos. A quantidade de bolo geralmente é calculada em torno de 60 a 70 gramas por pessoa, mas claro que você deve analisar o perfil dos seus convidados.

Para essa etapa do evento, além de você pedir ajuda para a sua assessoria, você pode também contratar um *Cake Designer*, um profissional que irá transformar o seu bolo em uma linda obra de arte. Além disso, ele irá apresentar a você as infinitas possibilidades e os diversos modelos que você pode escolher. Para finalizar os detalhes do seu bolo com esse profissional, é interessante que você converse com o seu decorador, já que o bolo pode e deve se destacar, se essa for a sua intenção, e, além disso, ele ainda poderá harmonizar com a sua decoração.

4.16 O TOPO DE BOLO

Você certamente já viu aqueles bolos lindos e, em cima deles, as miniaturas perfeitas do casal, certo? Em muitos casos, até mesmo o vestido da noiva no topo de bolo é igual ao vestido real. Para ter um topo de bolo personalizado, você precisa mandar confeccioná-lo com antecedência, já que um bom produto demanda tempo para ser feito. Pesquise fornecedores e procure conhecer sobre o trabalho executado, mande fotos e converse bastante com o fornecedor a fim de alinhar tudo conforme você deseja.

Os topos de bolo podem ser as miniaturas reais do casal, com os traços e as aparências de cada um. Ele também poderá apresentar detalhes, como os hobbies, a profissão e até mesmo os pets, o videogame, a camiseta do time de futebol. Pode ser que você prefira bonecos do tipo anime, traços de desenho mais clássico ou ainda uma divertida caricatura. O mais importante é que você e seu par entrem em sintonia com relação à escolha ideal para vocês.

Você ainda pode preferir um topo de bolo com iniciais, pássaros, nomes, coração etc. Ideias com certeza não lhe faltarão. Pesquise referências e alinhe junto ao profissional escolhido todos os detalhes para o topo de bolo. Se preferir, você pode conversar também com seu decorador em busca de sugestões e de referências que remetam à proposta de decoração que foi combinada.

4.17 MESA POSTA

Além de considerar com seu amor a decoração ideal para todos os ambientes que vocês forem montar para o grande dia e alinhar todas as ideias com seu decorador, é importante vocês pensarem em montar uma mesa bem bonita para receberem seus convidados, com itens personalizados e material escolhido com muito carinho para essa ocasião.

Você pode considerar diferentes itens para montar sua mesa e cada um tem um uso, vejamos alguns:

1. *Sousplat*

Esse acessório serve para apoiar o prato raso e os demais pratos, marcando o lugar de cada convidado. Ele pode ser usado diretamente na mesa, sobre a toalha ou sobre o jogo americano. Dependendo do tipo de recepção, podemos usar diferentes tipos de pratos, nessa ordem: *sousplat*, prato raso, prato fundo e prato de entrada. Mesmo que seja servido somente sopa, SEMPRE deve ser colocado o prato raso embaixo do fundo. Esse acessório deve ser retirado antes de servir a sobremesa. O *sousplat* foi criado com a função de demarcar o lugar à mesa e, hoje em dia, além de ser útil, ele é elegante, já que deixa a mesa com mais requinte e beleza.

2. Jogo Americano

É um item mais prático de ser usado, pois dispensa a toalha que cobre toda a mesa. Ele apoia louças e talheres para cada pessoa. Há uma infinidade de estampas que embelezam a mesa posta.

3. Descanso de talher

É um acessório útil, mas opcional. Serve para apoiar os talheres enquanto o convidado vai servir-se novamente, evitando que os talheres já usados fiquem sobre a mesa, sujando-a.

4. Guardanapo de tecido

O guardanapo de tecido vem sendo utilizado com mais frequência no dia a dia. Além de útil para proteger a roupa sobre as pernas se algum alimento cair nela, é mais bonito e ecológico quando comparado ao tradicional guardanapo de papel.

5. Ornamento para o guardanapo

É de uso meramente decorativo e opcional, mas temos de reconhecer que a mesa posta com esse item fica um encanto, já que ele dá um acabamento belíssimo à mesa. O ornamento pode ser de diferentes modelos, desde flores, iniciais do casal, fitas, palha de buriti, alecrim ou outros temperos, renda, juta, entre muitas outras opções.

4.18 BEBIDAS

Tão importante quanto definir o menu para ser servido no seu grande dia é a escolha das bebidas que irá acompanhá-lo. As bebidas que você optar por dispor no seu evento devem harmonizar com o cardápio escolhido, com o estilo do evento e com a estação do ano. Converse com seu amor sobre as melhores opções para vocês servirem no grande dia, já que vocês conhecem, como ninguém, os gostos dos familiares e dos amigos e sabem o que vai ser melhor. Não adianta vocês disporem de uma grande variedade de bebidas alcoólicas em eventos nos quais os convidados, em sua grande maioria, não as ingerem.

No que remete à escolha das bebidas, seus maiores aliados serão os fornecedores de alimentação, que, em muitos locais, já dispõem das bebidas junto à comida ou, quando não for o caso, sua assessoria.

Salientamos que bebidas quentes, como whisky, conhaque e similares, são normalmente servidas em eventos noturnos; em contrapartida a isso, os coquetéis de frutas são mais servidos em eventos diurnos, mas isso não é uma regra. Também em climas frios, utilizamos de bebidas mais encorpadas; já no calor, caipirinhas, por exemplo, saem superbem.

Sugerimos que você disponha de duas variedades de refrigerante, uma opção de refrigerante diet, água mineral com e sem gás e, aqui, aproveitamos para salientar que, nos últimos tempos, observamos um aumento na demanda de água nos eventos, sendo assim, o consumo de água vem crescendo na proporção em que o consumo de refrigerante vem diminuindo, e, se for da sua preferência, cerveja ou chopp. Essas são as opções de bebidas mais comuns e podem ser servidas basicamente em todas as épocas do ano.

Se seu evento for no inverno ou com clima frio, uma boa pedida é oferecer uma carta de vinhos.

Também muito tradicional em casamentos é o momento do brinde, quando poderá ser servido espumante para todos os convidados brindarem com o casal.

4.18.1 Cálculo de bebidas

Uma média muito utilizada para calcular a quantidade de bebidas é considerar:

- Vinho Tinto: uma garrafa a cada quatro convidados.
- Whisky: uma garrafa a cada 12 convidados.
- Espumante: uma garrafa a cada dois convidados.
- Cerveja: uma garrafa a cada quatro convidados.
- Água: um litro por pessoa.
- Refrigerante: 500 ml por pessoa.
- Sucos: 500 ml por pessoa.

Lembramos que essas quantidades são uma estimativa, mas se você conhece bem os seus convidados, saberá o que for melhor para o dia do casamento.

Com relação à aquisição das bebidas, elas podem ser inclusas no valor da alimentação que for contratada diretamente com o fornecedor de bufê. Nesse caso, você deverá certificar-se de que serão servidas as opções que você considerar mais válidas para o evento. Você pode, ainda, comprar por conta própria e de forma independente dos fornecedores. Se essa for a sua intenção, aconselhamos que busque por fornecedores que concedam a bebida em regime de consignação, pois, assim, você pagará apenas pelo que for realmente consumido. Nesse estilo de compra, você normalmente recebe uma quantidade X de bebidas, paga por elas e combina sobre a entrega e a coleta. Lembre-se de alinhar quem será o responsável por pôr as bebidas para gelar. Após o evento, o que sobrar de bebidas você pode devolver ao fornecedor e receber o valor equivalente.

O regime de consignação de bebidas é a forma mais em conta financeiramente falando, já que lhe permite ter uma quantidade grande de bebidas e não ter desperdício com o que sobrar no grande dia.

4.19 BAR E ANIMAÇÃO

Certamente seus convidados vão adorar a ideia de um bar ou uma ilha de drinks no seu casamento. Muitos casais optam por dispor de um bar de caipiras onde serão servidas variedades dessa bebida tipicamente brasileira ou ainda diferentes tipos de coquetel com e sem álcool. Regra geral: temos certeza de que esse plus vai fazer muito sucesso no seu evento.

Para escolher esse adicional, a regra válida é a mesma que já mencionamos antes: pesquise fornecedores, peça ajuda à sua assessoria, confira referências e feedbacks de outros casamentos. Por fim, entre em consenso com seu par se vocês fazem questão desse serviço, se ele cabe no orçamento e se combina com o estilo de casamento e de recepção que vocês dois estão se propondo a fazer.

Com relação à animação, esse é outro plus. Com certeza, vocês desejam um casamento inesquecível, não só pra vocês dois, mas também para todos os convidados que vocês escolheram, com muito carinho, para estarem junto de vocês no grande dia. Certamente, todos os detalhes, desde a decoração, as bebidas, as comidinhas e todos os demais itens comporão o evento perfeito e memorável dos seus sonhos. A animação de festas é ainda pouco conhecida, mas vem ganhando cada vez mais destaque no mundo dos eventos. Você pode contratar malabares, cuspidores de fogo, dançarinos e o ainda menos conhecido aqui no Brasil, o *Welcome champagne*, que nada mais é do que uma mulher, com uma saia com suportes para taças de champanhe, que fará uma distribuição das bebidas de forma certamente inesquecível.

Há ainda a animação voltada especificamente para o público infantil. Com ela, as crianças terão espaço para aproveitarem seu grande dia, sendo monitoradas por profissionais experientes, os quais farão brincadeiras, disponibilizarão atividades e brinquedos e, dessa forma, vão mantê-las entretidas.

4.20 GARÇONS

Eles são extremamente importantes para o sucesso do seu grande dia. Os serviços executados pelos profissionais variam de região para região, mas ressaltamos que os garçons são os responsáveis por servir seus convidados. Eles são os responsáveis pelo contato direto com todos os amigos e familiares e são eles que vão atender às solicitações, servir as bebidas, a entrada, a alimentação, o bolo. Em algumas regiões, os garçons montam as mesas (*sousplat*, prato, talher, taças, guardanapos etc.). Em outras regiões, quem faz isso é o *maître*. É muito importante você questionar a empresa que contratar sobre os serviços oferecidos, a fim de não ter nenhuma surpresa no grande dia. É muito importante também que você verifique as referências das pessoas que usaram a mesma equipe ou empresa para você saber sobre como foi o evento, as impressões dos convidados e dos contratantes.

Esse é um serviço indispensável para o sucesso do seu grande dia e, caso seu orçamento seja limitado, aconselhamos a reduzir custos em outros itens, mas manter o serviço de garçons. Lembramos que a premissa de "meu amigo/primo/tio/vizinho disse que nos ajuda no dia" não funciona. Quando chega o momento da festa, as pessoas querem aproveitar para relaxar e se divertir, então acabam não ajudando e, desse modo, os garçons farão muita falta.

4.21 SEGURANÇA

Esse é o profissional responsável por fazer o controle da lista de convidados, conferindo os nomes deles e informando a eles, quando necessário, a mesa que lhes foi conferida, a fim de que eles sejam acompanhados pela recepcionista até o local. É figurativo no sentido de que, na maior parte dos eventos sociais, os seguranças são civis com o objetivo de organizar e manter ordem.

Muitos locais já incluem o serviço de segurança no valor da locação do espaço, mas caso não seja incluso no seu contrato, aconselhamos que você contrate ao menos um desses profissionais para ficar à porta e fazer o controle de entrada e de saída dos convidados.

4.22 HIGIENISTA

O serviço de higienista, com certeza, é algo indispensável em seu evento, já que é esse profissional que irá manter os cuidados e a limpeza dos banheiros durante o evento, assim como a limpeza do salão, caso ocorra incidentes durante o evento, como quebrar copos com bebidas, algum convidado virar algo na mesa ou no chão, enfim, qualquer que seja o motivo, é esse profissional que garantirá que tudo estará em ordem e limpo do início ao fim da festa. Sabemos que muitas pessoas utilizando o mesmo banheiro não daria muito certo sem que houvesse limpeza, manutenção e reposição dos materiais utilizados, não é mesmo? Portanto, confira com o espaço que foi contratado se, no pacote, no combo que você contratou, já está incluído ou não esse serviço. Caso não inclua, peça ajuda para a sua assessora, ou caso não tenha assessoria, peça indicações para conhecidos e até mesmo para o espaço contratado. Procure saber se com o pagamento de uma taxa, haveria a possibilidade de eles mesmo contratarem esse profissional. O mais importante de tudo, nesse caso, é que você não esqueça da necessidade desse serviço.

4.23 SONORIZAÇÃO

Quando vamos contratar uma equipe de sonorização, sempre temos que nos preocupar com a qualidade do serviço entregue. Muitas empresas, durante a entrevista de fornecedores, acabam enchendo os noivos com um monte de termos técnicos e, muitas vezes, apresentam-nos uma lista gigantesca de itens. Isso tudo acaba deixando nossas cabeças confusas. Então: o que devemos fazer? O mais indicado é procurar uma empresa que você já tenha visto em algum evento que você frequentou. Você também pode pedir auxílio para seus parentes e para os seus amigos mais próximos. Mesmo assim, durante a entrevista, peça para ver vários vídeos e imagens, a fim de que você saiba o que está contratando. Se você não souber a que se refere algum item e ficou na dúvida, pergunte, pois o mais importante é estar bem ciente do que está contratando. Além disso, você não tem a obrigação de saber todos os detalhes e todos os termos técnicos que os fornecedores usam. Tome cuidado para não ser ludibriado; lembre-se de que nem sempre a quantidade é qualidade.

O volume do som não é diretamente correspondido por qualidade, e um bom profissional sabe dimensionar o som para que não ocorra eco ou distorção, sabe montar o equipamento para que tenha o melhor som ambiente e a melhor batida. Durante a balada, o som deve ser agradável aos ouvidos, e, para uma melhor experiência, a música precisa ser sentida na pele. Procure contratar um DJ que se encaixe com o seu estilo musical e que saiba ler o momento, pois o importante é a pista estar sempre cheia! Para facilitar ou ainda garantir que suas músicas preferidas estarão presentes no seu grande dia, vocês dois podem criar sua própria playlist e deixar as músicas principais salvas, aquelas usadas nos principais momentos, como a entrada, o brinde, a dança do casal e afins. Combine todos esses detalhes com sua assessoria antes de entregar o som para o seu fornecedor.

4.24 ILUMINAÇÃO

A iluminação, tanto da pista de dança quanto do ambiente, é um serviço muito importante, pois existem vários fatores que influenciam, de forma direta, tanto na sua decoração quanto na experiência geral do evento. Peça ajuda à sua assessoria e contrate fornecedores que lhe mostrarem um bom trabalho. A iluminação ambiente é um fator indispensável, pois é ela que cria o charme e o *glamour* necessários para a festa. Gostamos muito da frase de Oscar Niemeyer que diz *"Uma boa iluminação levanta uma arquitetura medíocre, e uma iluminação ruim acaba com o melhor projeto"*. Essa frase descreve bem a situação, já que qualquer projeto pode ser melhorado com uma boa iluminação ou destruído por uma iluminação ruim; então, procure deixar bem alinhada a decoração e o responsável pela iluminação. Sua assessoria já está acostumada a esses detalhes, por isso sempre escute o que ela tem para lhe dizer sobre o seu evento. E seguindo o mesmo conselho da sonorização: se não souber o que determinado item faz, pergunte! Não fique em dúvida, pois a falta de informação pode prejudicar o seu tão sonhado e esperado dia.

4.25 TRILHA SONORA

Você já reparou que as grandes cenas dos filmes são permeadas com lindíssimas trilhas sonoras? Quem aqui não lembra do filme *Titanic* ao ouvir *"My heart will go on"* ou ainda a cação de *O guarda-costas*, quando escuta a Whitney Houston cantando *"I will always love you"*? Mas o que queremos dizer com isso? É isso o que vocês estão pensando, certo?

O que queremos dizer é que a música certa vai deixar o dia dos seus sonhos ainda mais memorável, encher a sua mente de belíssimas e emocionantes recordações quando ouvir a trilha escolhida no futuro, a qual lhe causará arrepios de emoção e de saudade e ainda vai deixar seu dia inesquecível para todos como se ele fosse um lindo filme com uma maravilhosa trilha sonora. No entanto, para que isso aconteça, você precisa ter cuidado com as músicas que for escolher e com os ambientes.

Aconselhamos que vocês, o casal, escolham músicas que tenham algum significado para o relacionamento de vocês ou ainda aquelas músicas que quando você escuta já sente o arrepio de emoção, aquela música que toca fundo na alma, que se você fechar os olhos, conseguirá visualizar e sentir o seu grande dia. Músicas instrumentais são lindas e caem superbem em qualquer cerimônia.

Se você não puder dispor de músicos para tocar no local, não se abale, a emoção é o momento, a música é o pano de fundo e emociona mesmo sendo em *pendrive* ou em CD. Outra dica importante: se você for utilizar, em algum momento, músicas estrangeiras com o áudio/vocal, atente-se à tradução da letra, para ver se ela combina com o momento, já que, por exemplo, músicas que falam de relacionamentos que deram errado nos primeiros momentos de uma vida a dois não ficam nem legais, nem emocionantes.

4.26 DANÇA DO CASAL

Que tal escolherem uma música que vocês amem e com a qual vocês se identifiquem para ser a primeira música que dançarão juntos após o SIM? Ou ainda preparar uma coreografia para abrilhantar seu casamento dos sonhos e abrir a pista para seus amigos e familiares divertirem-se junto a vocês? Gostou dessas sugestões? Lembramos aqui que o importante é você e seu amor conversarem, acertarem entre vocês dois o que vocês acham melhor e planejarem-se. Se forem montar uma coreografia, vocês podem tanto buscar ideias na internet quanto buscar a ajuda de um profissional coreógrafo para auxiliar vocês a montarem uma dança inesquecível para o grande dia dos dois.

É importante vocês ensaiarem bastante juntos para ficarem em harmonia e sintonia e ainda ensaiar com os sapatos do grande dia e, se for possível, treinarem no local da recepção também. Não importa o que vocês decidam fazer, o importante é vocês desfrutarem ao máximo esse grande dia!

4.27 FOTO

O grande dia passou e o que fica desse dia são as recordações que guardamos com tanto amor e carinho; portanto, lembre-se: são as fotos que irão eternizar um dos momentos mais incríveis de sua vida.

Para que não percamos as lembranças de um momento tão especial, é muito importante termos uma equipe de ótimos profissionais para eternizar esses momentos em lindas imagens. Entretanto, como escolher esse profissional?

Para escolher quem irá eternizar o seu grande dia, tenha calma e sabedoria, converse com o seu amor sobre o orçamento que vocês irão destinar para as fotos, tendo em mente que esse é um dos serviços mais importantes, considerando o pós-festa, mas considerando também o orçamento de vocês. Cuidado ao amar demais o serviço de um determinado profissional que não condiz com o seu orçamento, pois você, de forma inconsciente, pode começar a negar o serviço de profissionais muito capacitados e que estão de acordo com o valor que vocês possuem para esse serviço.

O ideal é que vocês dois possam analisar vários estilos de fotografias e, assim, decidirem o que mais combina com vocês. Depois disso, é hora de começar a buscar profissionais que tenham o mesmo estilo que vocês. Não adianta vocês quererem fotos de poses mais ensaiadas e contratarem um profissional que tem um estilo mais natural, que gosta de registrar mais as emoções do momento. Também não faz sentido contratar alguém que tire mais fotos retrato enquanto vocês preferem mais fotos de pequenos detalhes, portanto, trace o perfil de vocês e, após isso, busquem pelo profissional que atenda aos seus requisitos.

É muito importante que além de você simpatizar com as fotos do profissional em vista, você agende uma reunião, de preferência pessoalmente, mas se isso não for possível, em uma reunião virtual, você conseguirá conhecer a pessoa por trás das fotos. É de extrema importância que vocês dois simpatizem com o profissional que pretendem contratar, que haja sintonia com ele. Vocês precisam ficar à vontade com ele. Acredite que se vocês tiverem gostos e assuntos em comum as fotos ficarão muito naturais e vocês ficarão à vontade para *clicks* incríveis. Quando acharem que vocês encontraram o profissional certo, pesquisem seus trabalhos anteriores e peçam recomendações para quem já o contratou. Se vocês não conhecerem ninguém pessoalmente, deem uma olhada nos comentários nas redes sociais do profissional, pois ali vocês poderão encontrar opiniões de outros clientes sobre o trabalho dele. Além disso, não tenham vergonha de chamar algum desses comentadores e pedir a eles um feedback sobre o trabalho prestado.

E então, após todos esses filtros na busca do profissional ideal para vocês, reservem a data com ele, assinando o contrato e garantindo que ele estará presente no dia da realização do grande sonho de vocês. É importante que vocês fiquem atentos a todas as cláusulas do contrato (continuem a leitura, pois temos um capítulo exclusivo sobre contratos) e principalmente atentem-se às datas e aos prazos para a entrega do material contratado.

4.28 FILMAGEM

Esse é um serviço que foi deixado de lado por alguns anos, não nos entenda mal, siga a leitura para entender sobre o que estamos falando. Há alguns anos, os vídeos de eventos tinham aproximadamente duas horas de duração, e você até poderia parar para assisti-lo uma vez a cada dois ou três anos, mas assistir seguidamente era algo realmente difícil, sem contar que havia a filmagem dos cumprimentos, o que deixava o vídeo bem extenso e parado, sem contar a qualidade do vídeo, a qualidade das falas, a transição entre as cenas, enfim, muitas situações fizeram com que os vídeos ficassem como uma das últimas opções de contratação, mas ainda bem que isso mudou.

O vídeo vem ganhando, a cada dia que passa, mais força, pois a qualidade simplesmente ultrapassou as expectativas. Viva a tecnologia! Os vídeos estão mais curtos, e, hoje em dia, é possível emocionar-se do início ao fim de um vídeo, sem que ele fique por um segundo sequer cansativo. A filmagem do evento tem sua importância, pois é ela que deixa aquele momento mais vivo, mesmo após cinco, dez ou vinte anos, já que quando você assistir a filmagem do seu casamento, quando você relembrar daquele momento, dos votos, das promessas que foram feitas, do dia do SIM que mudou a sua vida, do dia em que vocês dois escolheram compartilhar da vida juntos, as emoções serão reacendidas. Assistindo a esse filme de um momento ímpar da sua vida, você relembrará a emoção que sentiu naquele momento tão importante da vida de vocês. Bons profissionais conseguem eternizar a emoção, o nervosismo, a ansiedade, as lágrimas, as gargalhadas e muitos outros momentos tão significativos desse dia.

Algumas pessoas ainda confundem a importância da filmagem e a importância da fotografia. Se contratei um fotógrafo, não preciso contratar um *videomaker*? Se precisa ou não contratar, quem vai dizer é você e o seu amor. Desse modo, conversem e definam os serviços que vocês acham importantes e indispensáveis no evento de vocês, mas tenham em mente que ambos os serviços são bem diferentes. Ainda que ambos eternizem o momento, cada um deles faz isso com as suas particularidades. Após decidirem os serviços que serão contratados, é o momento de buscarem pelo profissional ideal.

Preste atenção, quando falamos de profissional ideal, não estamos falando do profissional mais caro do mercado, nem do mais barato, pois nem sempre o valor está interligado com a qualidade do serviço, como já falamos tantas vezes aqui. A procura do *videomaker* é bastante parecida com a procura pelo fotógrafo. Nos dois casos, vocês dois precisam analisar o estilo do trabalho dos profissionais e, a partir disso, definirem qual que mais agrada, mais condiz com o gosto de vocês. Desse modo, analisem os portfólios, os serviços já realizados por esses profissionais, e iniciem seus pedidos de orçamento. Lembrem-se de estipular um valor para esse serviço, a fim de que vocês consigam contratar alguém que não extrapole o valor pré-definido.

Depois dos orçamentos realizados, vem o momento de separar os profissionais que mais lhes agradaram. Busquem por feedbacks desses profissionais em suas redes sociais ou com amigos que já os contrataram. Um detalhe muito importante a ser considerado é que nem sempre a empresa que possui o melhor fotógrafo — na opinião de vocês, o casal — será a mesma empresa que terá o melhor *videomaker*. Alguns amigos podem indicar a vocês a empresa na qual fizeram as fotos para que vocês façam o vídeo com eles. No entanto, tenha cuidado, analise cada serviço separadamente, pois seu evento não volta, não existe replay na vida real, então não contrate o primeiro que receber um feedback positivo de algum dos seus conhecidos, pois o que é bom para ele nem sempre é bom para vocês, já que as pessoas possuem estilos e gostos diferentes. Vão, você e seu amor, em busca do profissional ideal para o evento de vocês e para o estilo e o gosto do casal.

Após escolherem os melhores profissionais destacados, é o momento de agendar reuniões para conhecê-los e conversar com eles. É de extrema importância que o casal consiga ir junto conhecer o profissional, pois assim como na fotografia, é preciso sentir-se à vontade para que o vídeo desse dia tão importante seja magnífico. Após as reuniões, conversem e definam qual profissional será contratado e lembrem-se de prestarem atenção nas cláusulas e nos prazos para a entrega do serviço contratado.

4.29 PAPELARIA

Além dos convites que já mencionamos anteriormente, existem diferentes opções de papelaria personalizada que você pode disponibilizar no evento, como itens de higiene em embalagens com o monograma do casal, lágrimas de alegria/felicidade, *tags*, menus de mesa, chuva de arroz em envelopes com a arte, marcadores de mesa individuais para os convidados, leques, *sousplats* com impressão ou recorte personalizado, diferentes embalagens personalizadas, adesivos; enfim, uma grande variedade de opções que tornarão seu evento ainda mais personalizado e especial.

Aqui, o que predomina é o seu orçamento e a sua criatividade. Um evento rico em detalhes personalizados certamente renderá muitos comentários positivos, lindas fotos e será ainda mais **inesquecível**. Porém, não se engane, pois não é só colocar um monte de itens com o monograma do casal que isso deixará seu casamento um casamento dos sonhos, uma vez que o que realmente importa é o sentimento, vocês emanarem o amor e a felicidade de vocês no grande dia. Pode ter certeza de que seus amigos e familiares ficarão extremamente felizes com a felicidade de vocês.

4.30 CELEBRANTE

Se você e seu par não forem adeptos de nenhuma religião em específico, existe a possibilidade de contratar um celebrante para o grande dia. Normalmente, pode ser realizada uma cerimônia simbólica, a qual poderá ser até mesmo no local da recepção e que contará com alguma simbologia sobre a união do casal. Existem diferentes ritos, como a junção da chama, areia, cerimônia celta ou uma cerimônia apenas ministrada com belíssimas palavras. O importante é que ele irá celebrar a união do casal e a escolha de vocês em seguirem um só caminho, e isso será feito na presença daqueles amigos e familiares que vocês escolheram para estarem ao lado de vocês nesse momento tão importante.

4.31 VOTOS

Em cerimônias religiosas, existem os votos tradicionais, padrão, que vocês irão fazer um ao outro. Além desses, você e seu par podem fazer seus votos personalizados, ou seja, vocês escrevem sobre o seu sentimento, a sua promessa ao seu amor e, no dia da cerimônia, seja na igreja/no templo/na mesquita ou outro, vocês o leem (ou falam). Esses votos, com certeza, tornarão a sua cerimônia ainda mais emocionante e temos certeza de que o seu amor ficará muito feliz em ouvir o que você sente e a forma como você vai expressar esse sentimento.

4.32 LOCAÇÃO DO CARRO

Para uma chegada triunfal, uma chegada cinematográfica no tão sonhado e planejado dia, muitos casais optam pelo aluguel de carros. Essa escolha fica a critério do estilo dos noivos, os quais ficam entre carros clássicos, antigos, modernos e até mesmo luxuosos. Esse serviço vem, há tempos, atraindo os olhares dos casais e tem sido muito contratado. Entretanto, no início, a contratação era somente para a noiva, mas, de uns tempos para cá, os noivos também ganharam espaço, e é claro que eles também merecem uma chegada tão linda quanto a da noiva. Os convidados vão à loucura, o lindo noivo chegando em um belíssimo carro, depois a entrada triunfal da noiva, incrivelmente linda, com outro belíssimo veículo. Isso tudo é para arrancar suspiros e imaginar-se em clássicas cenas de cinema.

E para todo esse glamour, são necessários alguns cuidados e escolhas na contratação: Primeiramente, é preciso um olho no carro e o outro no orçamento, já que o carro escolhido tem que estar de acordo com o sonho do casal, mas também com o orçamento disponível para esse serviço, sobretudo o estilo do carro, o qual vai depender diretamente do gosto pessoal de você e de seu amor. Outro detalhe importante é verificar a possibilidade de o carro chegar o mais próximo possível do local da cerimônia. Se você for casar na igreja, o carro precisa parar na frente da porta. Se você for casar no campo, o ideal é que você confira se há a possibilidade de o veículo chegar até o local da cerimônia, e, se possível, seria bom que você descesse dele já com os pés no tapete da cerimônia. Quanto mais próximo, mais visível será, mais terá sido válido o investimento. Lembre-se, portanto, de reservar um tempo no cronograma para algumas fotos no veículo contratado.

Para a locação do veículo, procure por empresas especializadas nesse ramo e que sejam confiáveis e idôneas. Visite as empresas, verifique se os carros que ela possui estão de acordo com o seu gosto pessoal. Verifique as condições de conservação do veículo, os pneus, bem como a higiene, os valores e todos os outros detalhes para o grande dia. Busque, também, conhecer o motorista. Pergunte por qual período o carro e o motorista ficarão à sua disposição, se ele irá buscá-la no local em que estiver se arrumando para levá-la para a cerimônia. Se o local da recepção dos convidados não for o mesmo da cerimônia, acerte a contratação para que ele leve vocês até o salão onde os convidados serão recepcionados. Todos esses detalhes são de extrema importância para que não ocorra nenhum imprevisto no tão sonhado dia. E após todos os detalhes que devem ser considerados na contratação do veículo, aproveite, desfrute e tire muitas fotos, porque não é todos os dias que temos uma entrada cinematográfica como essa.

4.33 CORTEJO

Temos certeza de que você já foi ou pesquisou sobre casamentos e, com isso, percebeu a variedade de opções para a cerimônia. O cortejo é formado por aquelas pessoas especiais que vocês fazem questão de ter no dia do seu SIM. São elas:

- seus pais, aquelas pessoas que criaram vocês e os amaram de todo o coração e que, com certeza, torcem pela sua felicidade;

- padrinhos e madrinhas, são aqueles amigos ou familiares próximos que você sabe que pode contar em qualquer circunstância, que apoiaram vocês e que os auxiliarão da melhor forma possível nos momentos ruins e compartilharão dos melhores momentos da vida do casal;

- *"demoiselles"* (esse termo vem do francês e significa "moça", "donzela") ou "damas de honra", que são as amigas da noiva, ou aquela melhor amiga. Elas podem tanto entrar antes da noiva como ainda entrar após a noiva e auxiliar com o véu, por exemplo. Damas de honra podem usar buquê e vestidos similares ao da noiva, por exemplo, ao contrário das madrinhas, as quais não usam buquê e normalmente são as primeiras a entrar no cortejo;

- aia, que é uma criança, uma menina, que carrega as alianças, uma "mini noivinha";

- pajem, outra criança, um menino, que carrega as alianças, um "mini noivinho". As alianças também podem ser levadas pelo casal composto pela aia e pelo pajem. Nesse caso, o menino carrega as alianças, enquanto a aia carrega um pequeno buquê de flores ou de doces;

- florista/dama peteleira, que é uma menina que leva uma cesta com pétalas de flor para ir largando no caminho onde os demais passarão. Algumas noivas optam pela dama peteleira ir largando as pétalas somente antes da sua entrada. Em outros casos, a florista é a primeira a largar as pétalas antes mesmo dos pais e dos padrinhos entrarem;

- carregadores de placas: alguns casais optam por utilizar placas personalizadas para o grande dia e, sendo assim, separam crianças ou até mesmo amigos para entrarem com elas no cortejo. As placas podem conter diferentes palavras ou textos, tais como "Lá vem a Noiva", "Lá vem o Plano de Deus para Você", "Jesus, nosso convidado de Honra", "Lá vem o amor da sua Vida", "Ela/Ele está linda/o", "Recém-Casados", "Felizes para Sempre", entre muitas outras opções.

4.34 CASAMENTO CIVIL

Normalmente, o casamento civil é realizado em local previamente acertado com o cartório da cidade onde uma das partes reside. No entanto, ele também pode ser realizado no local da recepção. Lembre-se sempre de que esses detalhes precisam ser acertados antecipadamente.

O casamento civil é realizado por um juiz com o apoio de um escrevente autorizado, o qual será responsável pela escrita da ata. Esse é um procedimento público, e além do juiz, do escrevente e do casal, podem estar presentes os padrinhos. Lembre-se, no entanto, de designá-los, com antecedência, no cartório.

O valor cobrado para a celebração do casamento varia de estado para estado e tem reajuste anual. A seguir, apresentamos uma lista dos documentos necessários para solicitar o pedido do casamento junto ao cartório:

- certidão de nascimento, para os solteiros;

- certidão de **casamento** averbada, para os divorciados;

- certidão de **casamento** averbada ou certidão de óbito do cônjuge, para os viúvos;

- **documento** de identidade com foto;

- comprovante de residência.

Além de apresentar os documentos mencionados, o casal deverá optar por um regime de bens a ser adotado no casamento. No Brasil, há quatro tipos de regimes:

- regime de comunhão de bens;

- regime de comunhão universal de bens;

- regime de separação convencional ou absoluta;

- regime de participação final nos aquestos

De modo simplificado, para que você possa conhecer um pouco sobre cada um dos regimes, vamos apresentá-los a seguir:

Regime de comunhão de bens: nesse caso, os bens adquiridos antes do casamento pertencem a cada um dos cônjuges que já os possuía, assim como as doações e as heranças, enquanto os bens adquiridos durante a união passam a ser patrimônio comum do casal. Em caso de separação, o patrimônio construído ao longo do casamento será dividido igualmente entre as partes.

Regime de comunhão universal de bens: ao optarem por esse regime, os bens adquiridos antes e durante o casamento passam a pertencer a ambos os cônjuges, inclusive doações e heranças, formando um patrimônio único para o casal.

Regime de separação absoluta: ao optarem por esse regime, o casal decide que os bens de ambos não se juntam. Tanto o que pertencia a cada uma das partes antes do casamento bem como tudo o que for adquirido após a união pertence a quem adquiriu. Dessa forma, o casal escolhe, ainda em vida, como ocorrerá a distribuição do patrimônio durante o casamento. Existem situações em que a escolha por esse regime é obrigatória.

Regime de participação final nos aquestos: nesse regime, cada um dos cônjuges possui seu próprio patrimônio e é responsável pela administração dele e inclusive responde individualmente pelas dívidas e pelos bens. Em caso de separação, os bens adquiridos onerosamente pelo casal serão divididos igualmente entre ambos.

Agora que você conheceu um pouco sobre os regimes de casamento, converse com seu amor e, se vocês acharem necessário, busquem orientação especializada com advogado. Você também pode conversar com seus amigos e familiares, mas lembre-se de que vocês dois é que saberão o que será melhor para o casal.

4.35 LEMBRANCINHAS

As lembrancinhas são aqueles mimos que você e seu par escolheram, com todo o carinho, para presentear os amigos e os familiares que estiveram ao lado de vocês nesse momento tão especial. Aqui a criatividade é livre, vocês podem escolher algo que combine com o estilo da cerimônia, alguma coisa que vocês gostem; enfim, há diversas opções.

Uma das mais tradicionais lembrancinhas de casamento é o bem-casado. Lembre-se de que se a lembrancinha escolhida for comestível, vocês devem contabilizar uma para cada um dos convidado, já se for algum outro item, pode ser uma por família. Dentre as lembrancinhas mais usadas, podemos citar o já mencionado bem-casado, os suspiros, as suculentas, os vasinhos de temperos, algum aromatizador de ambiente, um sabonete, uma unidade de álcool em gel, um leque (calor), um punhado de amêndoas, uma caixa de doces *gourmet*, alguma compota, um chinelo ou uma sandália, algum tipo de chaveiro, algum tipo de copo, entre muitas outras opções.

4.36 BRINQUEDOS E ÁREA KIDS

São inúmeras as preocupações dos anfitriões, não é verdade? E as crianças são mais uma delas. A questão aqui é: o que fazer com os pequenos que estão sempre cheios de disposição? Essa é uma dúvida bem recorrente entre os casais, e muitos deles ficam divididos sobre o que fazer com as crianças. Deixá-las livres, sem atrativos, pode ser uma escolha ruim, se você tiver muitos convidados infantis, pois sabemos que além da festa ficar bastante entediante para eles, os pais também acabam não aproveitando, pois precisam estar sempre de olho na segurança dos filhos, garantindo também que eles não farão nenhum estrago ou se machucarão. Com essas preocupações, acabam optando por irem embora muito mais cedo do que gostariam, para, dessa forma, garantirem a segurança de seus filhos.

Portanto, para que nada disso aconteça, converse com seu par e, juntos, analisem a possibilidade de separar um espaço para as crianças. Esse local precisar ter algum tipo de entretenimento para eles, tais como jogos, brinquedos, pinturas e até uns colchões para dormir, se for possível. Nos dias de hoje, existem muitas empresas que já possuem um kit completo, cheios de atrativos para os pequenos. Elas ainda incluem um cantinho para as crianças dormirem e profissionais tanto para garantirem a segurança delas quanto para organizarem os vários tipos de entretenimento.

Converse com o seu amor, analisem os prós e os contras desse serviço. Pensem nele com carinho, pois temos a certeza de que as crianças convidadas e seus pais irão curtir muito essa ideia. Com isso, todos conseguirão aproveitar o máximo de tudo o que foi preparado por vocês com tanta consideração.

Agora que você conheceu tudo sobre os fornecedores e os serviços para o seu casamento e já tem uma boa noção do que você e seu par realmente gostam e como querem fazer o seu grande dia, vamos aprender a calcular o custo para tornar seu sonho realidade?

5

CALCULANDO O CUSTO

Para a realização do evento, a definição do orçamento é um dos primeiros e mais importantes passos em busca da realização desse sonho. Desse modo, é necessário que o casal converse, analise as possibilidades e determine um valor que poderá ser destinado para a realização do casamento. Lembre-se de que não é feio conversar sobre o orçamento, não é feio perguntar para os pais e para os sogros se haverá alguma ajuda financeira, feio é você contratar e não conseguir pagar, ou você ter de desistir de um dos seus grandes sonhos por falta de planejamento, então vamos lá!

Primeiramente, defina esse valor e lembre-se de que ele poderá ser ajustado, pois definir um valor não significa dizer que você nunca mais poderá alterá-lo. Bem pelo contrário! Ao longo do planejamento, você e seu amor irão modificá-lo, mas é essencial que vocês tenham um norte, um caminho para se guiarem. É importante que vocês passem essa informação para a assessoria contratada. Com um orçamento definido, ela saberá exatamente como guiá-los para o seu evento dos sonhos e de forma que ele caiba exatamente no seu bolso. Com o orçamento definido, é o momento de ir adiante.

Novamente, converse com o seu par e liste até cinco coisas que vocês consideram mais importantes no seu casamento. Listem as prioridades, os itens, os fornecedores em que vocês estão dispostos a investir um pouco mais, como a assessoria, o bufê, a decoração, o fotógrafo e o *filmaker*. A partir dessa definição, você saberá quais são os profissionais e quais são os serviços que serão prioridades em seu orçamento e, se for necessário, vocês reduzirão custos de outras partes, exceto daquelas que vocês julgaram como as mais importantes.

Anote tudo o que for possível, faça muitos orçamentos, converse com os profissionais, veja com quem você mais se identifica, disponha-se a conversar com muitas pessoas e a fazer muitas pesquisas. Disponibilizamos, neste livro, uma planilha para o controle de gastos. Ela está completa e servirá para auxiliar você no planejamento do seu evento, para que não haja surpresas desagradáveis. Essa planilha é muito completa, e, desse modo, você pode ficar à vontade para acrescentar o que achar necessário e para deixar em branco o que for desnecessário. Quando falamos sobre anotar tudo, é tudo mesmo! Coloque, na planilha, cada serviço que você estiver considerando contratar. Veja se determinado serviço combina com a sua realidade financeira, mas lembre-se sempre de "não dar um passo maior do que a perna", já que é possível você fazer algo magnífico com profissionais que cabem no seu orçamento. Tranquilize-se que seu evento será incrível. Anote tudo na planilha, a fim de que nada fuja do seu controle. Use a planilha com amor, pois ela foi feita com muita dedicação e carinho por nós, da Organize, para você!

6

ANALISANDO CONTRATOS

Bom, a essa altura, você já percebeu que para a realização de um casamento existem muitos detalhes que precisam ser considerados e analisados minuciosamente. Tendo isso em vista, indicamos que você tenha, ao seu lado, um profissional preparado para lhe auxiliar e lhe dar a consultoria necessária.

Com os orçamentos realizados, é chegado o momento de oficializar a contratação desses fornecedores. Para isso, é necessário que você e seu par observem atentamente todas as cláusulas do contrato e todas as informações que deverão constar nesse acordo firmado por vontade das partes, sendo elas "contratado" e "contratante".

Você, como um bom contratante, deverá ler todas as cláusulas e informações. Caso tiver contratado o serviço de assessoria, irá enviar uma cópia do contrato para que essa faça as análises necessárias. Também é muito importante que, no contrato, conste todas as informações sobre o evento, como local, hora, data, tempo de duração e todos os serviços oferecidos por aquele fornecedor, já que todas essas informações são essenciais para determinar as responsabilidades, os deveres e as obrigações de cada uma das partes, incluindo a sua, no papel de contratante.

É importante que o contrato de cada fornecedor possua informações sobre o seu serviço. Nos contratos de estrutura, por exemplo, precisam constar a quantidade de convidados, a quantidade de acomodações, a quantidade de louças para o bufê, a quantidade de móveis e de equipamentos etc. No contrato de trajes, é necessário que haja as descrições sobre as peças, como a cor, o tamanho, o modelo e os demais detalhes. Além disso, exija descrições dos prazos, tanto dos serviços que serão realizados no dia do evento quanto daqueles que serão feitos antes da data tão esperada e daqueles que serão entregues somente após o dia do SIM (serviços de fotos, filmagens e álbuns).

Os valores são informações que devem estar bem-esclarecidas. Lembre-se de perguntar aos fornecedores tudo o que achar necessário e jamais feche algum contrato tendo quaisquer dúvidas, principalmente aquelas com relação a preços. É importante que haja detalhes sobre o valor que deverá ser pago, a forma de pagamento, independentemente de qual for, os prazos para que determinado serviço seja realizado, além de eventuais multas e adicionais que possam surgir. É importante também que você se atente ao cancelamento dos serviços contratados. Para isso, no contrato, deverá haver uma cláusula específica sobre esse tema, com as opções que poderão levar esse ato, como multas, consequências e possíveis devoluções de valores já pagos.

Após a análise dos contratos, é importante que ele seja tão logo firmado, para que a data do fornecedor escolhido seja reservada. Lembre-se de já anotar todos os valores firmados na sua planilha de custos, para que assim seja possível a realização desse sonho e a comemoração dessa linda união, desse caminho que vocês escolheram trilhar juntos.

7

A SEMANA DO CASAMENTO CHEGOU, E AGORA FALTA TÃO POUCO!

Enfim, chegou a tão esperada semana do evento, borboletas na barriga, está chegando o grande dia, o dia do SIM! No entanto, antes de ele chegar, algumas coisas ainda são necessárias e de extrema importância durante essa reta final.

Primeiro de tudo, não faça loucuras, não mude o tom do cabelo, se possível, nem o corte! As unhas devem ser pintadas na véspera, mas, se for possível, faça as unhas antes e só deixe para pintá-las quando o evento estiver próximo. Não faça bronzeamento artificial, salvo quando você já está habituada/acostumada com o procedimento e com o profissional. Se esse não for o caso, evite testar esse procedimento às vésperas do seu grande dia; afinal de contas, não queremos noiva "cenourinha". Não faça exercícios além do que já está habituada a fazer, nem pratique esportes radicais, evite lesões que, porventura, possa aparecer e atrapalhar você ou ainda impossibilitá-la de usar o sapato escolhido (infelizmente já vivenciamos a experiência da noiva lesionar o tornozelo e não poder usar o salto carinhosamente escolhido). Enfim: não faça nada que lhe tire muito da rotina. Tente fazer o mesmo de sempre. Nós sabemos que é difícil, mas tente dormir, alimentar-se bem e tomar bastante água para que você se sinta bem no grande dia.

Organize, junto à sua assessora, quais afazeres serão necessários nesses últimos dias, como buscar o vestido, as vestimentas das crianças do cortejo, do noivo, levar pequenos detalhes pessoais para o local de realização do evento, alguma coisa da casa, algum último detalhe da viagem de lua de mel. Enfim: tente organizar-se o máximo possível para que essa semana seja a mais tranquila que você conseguir. Sabemos que alguns últimos detalhes são necessários; entretanto, mantenha a calma, delegue atividades, peça ajuda.

Um dos fatos mais importantes da semana do evento é que podem acontecer alguns estresses que não estavam previstos. Se isso ocorrer, tente manter a calma e, principalmente, tenha paciência com o seu amor, pois é provável que ele ou ela esteja com os nervos à flor da pele. Tente relevar isso. O quadro da casa, pendurado na parede errada e que precisa ser corrigido, pode ficar para a outra semana, não é mesmo? Os móveis que não chegaram a tempo, a madrinha que acabou de avisar que o vestido não ficou exatamente do tom que você queria... lembre-se de um detalhe muito importante: "o que não tem remédio remediado está!" Não surte por algo que foge do seu controle. Se a casa não estiver totalmente pronta, não tem problema, ela não precisa ficar pronta antes do casamento. Nessa última semana, foque todas as suas energias na cerimônia, na festa. Quando a lua de mel acabar, você e seu par podem arrumar aquele quadro, aquele móvel, aquele detalhe que estava faltando. Foque no que você precisa para o seu evento dos sonhos, converse com a sua assessora, marque o checklist que vocês fizeram juntas para a semana do evento e confie, pois tudo será perfeito, tudo será exatamente como você sonhou.

8

O GRANDE DIA!

Depois de tantas reuniões, de tanta espera, de tantos compromissos e de tantos questionamentos, de tantas dúvidas e de tanta insegurança, eis que chegou o momento! Finalmente, o dia tão sonhado, tão planejado e tão aguardado chegou. E que dia lindo! Mesmo que o tempo lá fora não esteja esplendoroso, o dia de hoje será perfeito, porque ele é o SEU dia! É o dia do seu casamento e queremos que ele seja esplendoroso. Respire fundo e levante da cama, porque é chegado o momento de se arrumar, de se organizar para iniciar a nova jornada como uma pessoa casada (mesmo que você já viva com seu amor; depois da cerimônia, tudo será diferente).

Tenha em mente que tudo que vocês dois podiam fazer vocês já fizeram: já conheceram os profissionais, já pesquisaram sobre os serviços e já acertaram os contratos com todos os detalhes para hoje. Então: agora o que resta é confiar na escolha de vocês.

Se vocês contrataram uma assessoria, ela cuidará de tudo nos mínimos detalhes. Fiquem tranquilos, pois se por quaisquer motivos vocês não tiverem uma assessora ou um cerimonialista para o casamento, deleguem essa atividade a uma pessoa da absoluta confiança de vocês para que ela possa cuidar de tudo enquanto vocês se arrumam. Essa pessoa vai poder entrar em contato com vocês caso aconteça algum imprevisto, pois, infelizmente, eles acontecem mais vezes do que gostaríamos.

Resolvam o que puder, mas se algo não tiver solução, não deixem que isso estrague o seu grande dia. Mas o que poderia acontecer na última hora? Algum convidado que tinha confirmado pode desconfirmar no dia; alguém que não ia no casamento resolve ligar para avisar que vai; algum amigo liga no dia para perguntar se pode levar um ou mais acompanhantes; pode chover ou alguma outra intempérie que não depende de ninguém em particular; podem ocorrer atrasos. Houve uma ocasião, pela qual passamos, na qual o celebrante ficou preso no trânsito e, por isso, o casamento atrasou quase duas horas. Esse é só um exemplo para vocês terem a noção de que não temos o controle de tudo. Então desfrutem do grande dia, aproveitem a preparação, fiquem calmos e relaxem. Deixem organizados quem será o responsável por receber o bolo, os doces. Agendem o horário e a entrega no local da recepção e avisem as partes (entregador e recebedor). Quando chegar o momento, sorriam e aproveitem, pois ele passa num piscar de olhos.

9

O PÓS-FESTA:
JÁ ACABOU?!?

Pode parecer clichê, mas o que é bom realmente dura pouco e a festa já acabou... Sabemos que foram meses de planejamento e de organização e que tudo passou muito rápido. A festa já aconteceu e temos certeza de que todos aproveitaram muito, pois, afinal de contas, vocês dois prepararam tudo com todo o amor do mundo. Entretanto, não pensem vocês que só porque a festa já passou que acabou tudo. Não mesmo! Pois agora temos outros afazeres para finalizar.

É chegado o momento de devolver os trajes que foram locados, reunir-se para o feedback com os fornecedores, fazer os acertos relativos a quaisquer quebras de material ou diferença de número de pessoas que porventura tenha ocorrido. Buscar itens que possam ter ficado esquecidos no local, organizar a bagunça que ficou em casa proveniente dos amigos e dos familiares que vieram de longe... enfim, são várias as atividades.

Recomendamos que tirem um tempo para agradecer por cada presente que tenham ganhado e para direcionar mensagens agradecendo a presença de cada amigo e de cada familiar que esteve ao lado de vocês naquele dia tão especial. Temos certeza de que eles adorarão receber uma mensagem de vocês e, depois disso, dirão o que acharam do evento.

Também no pós-festa, vem outro momento especial e, agora que a festa passou, bem esperado: é chegado o momento de reviver aquele dia tão especial e até mesmo ver detalhes que, por causa do nervosismo do dia, passaram despercebidos, é a hora de escolher as fotos! Agora vocês terão muito trabalho, afinal de contas terão de escolher as que mais gostaram para compor o álbum e aqui já prevejo que vocês gostarão de quase todas! Tenham calma, lembrem-se de que a chave é a conversa. Façam uma pré-seleção das fotos que cada um de vocês gostou, selecionem as que ambos escolheram e sobre as demais reflitam juntos quais vocês usarão. Acredite na opinião do profissional escolhido, pois ele saberá orientá-los sobre o que ficará melhor para montar o álbum de vocês.

Guardem com carinho as lembranças daquele dia, olhem as fotos e o vídeo, relembrem e nunca, jamais, esqueçam que vocês escolheram um ao outro. Nos momentos de dificuldades, e infelizmente eles existem, mentalizem os sentimentos daquele dia tão especial, lembrem-se dos motivos que levaram vocês a decidirem seguir a vida juntos, as razões pelas quais disseram SIM e sigam o seu "Felizes para Sempre", mesmo que o sempre não signifique eternamente.

10

LUA DE MEL:
VIAGEM DOS RECÉM-CASADOS

Depois de tanto se divertirem no seu casamento e de toda a ansiedade da organização, temos a certeza de que vocês querem muito relaxar e aproveitar as primeiras horas de casados, viajando para algum destino especial só vocês dois, certo? Será maravilhoso desfrutar ótimos momentos juntos e longe da função pós-festa.

Se vocês forem viajar imediatamente após a recepção de casamento, deixem todos os detalhes sobre devolução de trajes acertados com algum amigo ou familiar que fique responsável por fazer a entrega. Se for possível, também elejam uma pessoa para resolver qualquer detalhe que necessite de atenção imediata após o evento (qualquer coisa que não possa esperar vocês retornarem), como devolver bebidas, no caso de bebidas consignadas, levar presentes e itens pessoais de vocês para casa ou qualquer outro detalhe que se faça necessário. Desse modo, vocês poderão partir para aproveitar a viagem sem serem incomodados com qualquer burocracia da festa.

Aconselhamos que deixem tudo pronto com antecedência, malas, documentos, e que se certifiquem se o destino de vocês necessita de algum cuidado especial, como vacina ou a apresentação de algum documento específico, solicitação de visto ou similar, para evitar estresse próximo ao casamento ou ainda acabar perdendo a viagem por causa de algum detalhe.

Lembrem-se de que para viagens internacionais, é necessário estar no aeroporto com bastante tempo de antecedência. Desse modo, cuidem dos horários para que vocês possam aproveitar a recepção do casamento ao máximo e para que seja possível organizarem-se com bastante calma para a viagem. Deixem preparado de antemão o motorista para levá-los ao aeroporto ou contratem um profissional para evitar que todos bebam e ninguém possa dirigir.

Se forem viajar dias depois do casamento, aproveitem para resolver todos os itens do pós-festa e partam sem olhar pra trás, a fim de curtirem uma viagem romântica. Tirem muitas fotos para recordar esses momentos e vivam o amor de vocês! Divirtam-se! Vocês merecem se divertir e relaxar, aproveitar para se curtirem e desfrutarem de ótimos momentos como casal antes de voltar para a rotina de casa, trabalho, família, amigos...

11

CONSIDERAÇÕES FINAIS

Que bom que você chegou até aqui! Esperamos que tenha gostado da forma como explicamos cada detalhe, a importância de cada serviço, para que você e o seu amor possam destacar quais serão as prioridades do evento de vocês. Esperamos termos ajudado vocês a escolherem o estilo de casamento e de decoração, os itens, os fornecedores e, principalmente, o planejamento financeiro para que o sonho de vocês se torne realidade.

Neste guia explicativo, nosso intuito foi preparar vocês para as reuniões que virão, para que vocês consigam planejar o percurso que será feito até o dia do SIM. Para isso, indicamos que vocês voltem a alguns tópicos de sua prioridade, como também àqueles sobre os quais ainda restam dúvidas. Releiam e comecem a colocar em prática o que aprenderam. Anotem as dúvidas que tiverem e os tópicos mais importantes que deverão ser considerados na pauta das reuniões com os fornecedores, ou, melhor ainda, contratem uma assessoria. Nós temos esse serviço *on-line*, a partir do qual podemos guiar e planejar tudo com vocês, de onde vocês estiverem. Além disso, sigam nossas redes sociais, pois temos muitos conteúdos por lá. Frequentemente, colocamos caixinhas de perguntas para vocês esclarecerem as possíveis dúvidas que vierem a ter.

A partir desse momento, vocês estão aptos a darem mais um passo em direção à realização do grande dia. Leiam nosso checklist do início ao fim, para saber, passo a passo, o que deverá ser feito. Depois disso, comecem a colocá-lo em prática. Lembrem-se de marcar conforme for realizando as tarefas, ele será importantíssimo na sua organização, para que nenhum detalhe ou fornecedor fique de fora. E o mais importante, aproveitem esse percurso, curtam cada processo, pois cada momento será único nas suas vidas, já que a realização do seu sonho não está apenas no grande dia, mas, sim, na construção dele. Coloquem o amor e a essência de vocês em cada detalhe.

Um beijo carinhoso das gurias da Organize!

12

BÔNUS

12.1 EVENTOS QUE ANTECEDEM O CASAMENTO

São vários os tipos de chá que vocês podem organizar junto aos padrinhos e às madrinhas com o intuito de aliviar o estresse e a ansiedade da organização do casamento e ainda ganhar ótimos itens para preparar o novo lar para receber o casal. Vejamos algumas informações sobre os mais usuais:

12.1.1 Chá de lingerie

Ele é organizado pela noiva ou pelas madrinhas, sendo geralmente feito em torno de um mês antes do casamento. O objetivo desse evento é auxiliar a noiva a preparar o guarda-roupa de peças íntimas para a nova vida de casada e para a lua de mel. A noiva pode fazer a lista dos itens que gostaria de receber, como calcinhas, sutiãs, meias, acessórios e, se a noiva não for muito tímida, pode até mesmo acrescentar itens para apimentar o relacionamento. As convidadas serão as amigas e as familiares mais próximas, mas apenas mulheres. É importante que, no convite, constem informações não só como data, hora e local, mas também sobre a compra dos presentes. Se houver uma lista em alguma loja ou bazar, é preciso disponibilizar os tamanhos ou ainda informar se, no dia do evento, terá alguém para vendê-los, já que uma maneira muito utilizada é a noiva solicitar que alguém que venda as lingeries leve-as para o chá, por exemplo, onde as convidadas poderão comprar os itens.

No chá de lingerie, são servidos petiscos e bebidinhas. Para ele, você pode pedir para suas amigas levarem aquela receita super-respecial. Em um clima descontraído e íntimo, vale até mesmo preparar brincadeiras para se divertirem juntas. Eleja uma pessoa para ser responsável pela organização das brincadeiras e divirtam-se!

Sobre a decoração, uma ótima aposta é escolher algum tema como *Victoria's Secrets*, oncinha, *pin-up* ou ainda uma paleta de cores. Aposte nos detalhes, pois eles farão toda a diferença.

Itens para lista:

- sutiãs;

- calcinhas;

- camisolas e pijamas;

- meias;

- itens para apimentar a relação;

- entre outros.

12.1.2 Chá de panela ou chá de cozinha

Normalmente envolve as mulheres, amigas e familiares do casal, que se reúnem para uma festa pré-casamento. O objetivo aqui é auxiliar os pombinhos a montarem a cozinha, então, os presentes serão itens para compor a cozinha e a área de serviço. Hoje em dia, é comum que o chá de cozinha inclua os homens, se essa for a vontade do casal. Ao contrário do que ocorre no chá de lingerie, do chá de panela o noivo também participa. São servidas comidas e bebidas que deverão ser escolhidas de acordo com o horário que vocês marcarem. Pode ser um *brunch*, chá da tarde, coquetel. Também são feitas brincadeiras para descontrair e animar os convidados. Selecione as brincadeiras e prepare com antecedência, para uma melhor organização.

A decoração pode ser composta por diferentes escolhas de temas e estampas, estilos como rústico, moderno, romântico, *boho*, *vintage*, industrial... Vocês escolhem. Usem e abusem dos itens pessoais de vocês para montar uma decoração personalizada e que fique a cara do casal. Lembre-se de entregar os convites com antecedência. Normalmente, o chá acontece em torno de dois meses antes do casamento.

Juntos, façam uma lista dos itens de que necessitam e disponibilizem para seus convidados, a fim de ajudá-los a comprar o que vocês precisam, e também para que não ganhem uma grande quantidade de alguma coisa em específico e nada de outra. Lembrem-se de que vocês pedirão acessórios e pequenos itens.

Alguns itens para a lista:

- Abridores de latas e de garrafas;
- açucareiro;
- afiador de facas;
- assadeiras;
- avental;
- bacias;
- balde;
- bules de café e de chá;
- canecas;
- copos;
- centrífuga para saladas;

- cesta de pão;
- coadores;
- colheres de servir;
- colher de pau;
- concha;
- colher de sorvete;
- copo-medida;
- colher de medida;
- descanso de panela;
- descascador de legumes;
- faqueiro;
- forma de pizza;
- forma de gelo;
- forma de bolo;
- forma de pudim;
- funil;
- garfos para petiscos;
- garrafa térmica;
- jarras;
- lixeiras;
- moedor de pimenta;
- rodinho de pia;
- rolo de abrir massa;
- saca-rolhas;
- saladeiras;

- saleiro, pimenteiro e paliteiro;
- pegador de massa;
- pegador de salada;
- peneira;
- petisqueira;
- pincel culinário;
- pratos de jantar;
- pratos de sobremesa;
- pratos de sopa;
- pratos de pão;
- xícara;
- porta-copo;
- porta-frios;
- porta-guardanapos;
- porta-temperos;
- potes para freezer e micro-ondas;
- puxa-saco;
- ralador;
- tábua de carne;
- toalha de mesa;
- tesoura de cozinha;
- tigelas;
- travessas e refratários;
- vassoura, rodo e pá de lixo;
- entre outros.

12.1.3 Chá bar

Pode ser o evento antagônico ao chá de lingerie ou ao chá de cozinha. Caso você tenha feito o chá de cozinha apenas para mulheres, o chá bar será apenas para os homens ou, ainda, pode ser um evento misto, organizado pelos amigos e padrinhos e contando com todos os amigos e familiares. Há casais que optam por fazer o chá bar junto ao chá de cozinha, e estipular que as mulheres levem presentes para cozinha, e os homens, bebidas e utensílios para drinks. Aqui, o objetivo é equipar a casa com bebidas e acessórios para drinks e petiscos, para que o casal possa receber os amigos e familiares na casa nova.

Alguns itens para a lista:

- balde de gelo;

- canecas para chope e copos de cerveja;

- coqueteleiras;

- copos para *drinks*;

- espremedor de limão;

- *kit* para caipirinha;

- entre outros.

12.2 RECEBENDO AMIGOS NO NOVO LAR

Participação da nossa empresa parceira Aroma & Estampa pela querida Claudia Garcia:

Acabei de casar!

Como receber amigos na casa nova?

Ao casarmos, começamos a construir uma identidade de casal e de família, e é claro que cada um leva consigo hábitos e costumes de suas famílias de origem. No entanto, há quase sempre aquela vontade de fazer algumas coisas que nossas mães ou familiares não faziam, por não conhecerem ou não acharem necessário ou, até mesmo, não terem vivenciado em suas famílias de origem.

Assim, quando nos preparamos para começar uma nova etapa da vida, a união, pensamos em fazer coisas que vimos e achamos bonito, como organizar um jantarzinho ou almoço com amigos, arrumando uma mesa com utensílios e detalhes que não eram usados de costume na casa de nossos pais, aquela mesa posta que a gente tanto admira nas redes sociais.

Então, vamos conhecer algumas dicas para um encontro com os amigos na casa nova.

Inicialmente, é importante salientar que receber bem é ser simples e acolhedor, deixando os convidados à vontade e confortáveis na sua casa. Ao convidar seus amigos, procure saber se alguém tem alguma restrição alimentar — para não correr o risco de ter uma surpresa desagradável na hora de servir.

Podem ser preparados alguns aperitivos ou uma entradinha para serem saboreados antes da refeição principal, servidos de forma bem informal e coletiva, em travessinhas ou bandejas, e que podem ser consumidos sem talheres, somente usando as mãos e guardanapos de papel. Esse momento serve para todos se ambientarem, se descontraírem e aguardarem a chegada de todos os convidados. Pode ser oferecida alguma bebida também.

E como organizar a mesa? Existem diferentes tipos de serviço, como é chamada a forma de servir a refeição. Nós, brasileiros, temos um serviço chamado "à brasileira", que consiste em montar a mesa posta sob a mesa de jantar e, sobre ela, dispor os alimentos, em travessas, para que cada um possa se servir. Ou, ainda, podemos usar o serviço franco-americano, em que os alimentos são dispostos em algum balcão ou ilha, e cada convidado levanta-se, com seu prato, para se servir.

Nos dois serviços, montamos aquela mesa posta bonita que tanto adoramos.

Independentemente da roupa de mesa que vamos escolher, seja toalha e *sousplat*, ou jogo americano e *sousplat*, seja somente toalha, ou ainda somente jogo americano, a louça é a mesma.

Para um almoço ou jantar bem informal usamos: prato raso, garfo e faca, copo ou taça para água e taça para vinho ou para cerveja. Lembrando que só vai para a mesa o que formos usar. Mas, qualquer que seja a opção de bebida, é necessário colocarmos copo ou taça para água.

Podemos usar guardanapos de papel. Apesar disso, hoje em dia, o uso do guardanapo de tecido está cada vez mais comum, além de esse ser mais bonito e de nos dar a possibilidade de usarmos um porta-guardanapo enfeitado, com flor ou qualquer outra forma.

Caso os alimentos sejam servidos no balcão ou na ilha, como falamos, pode ser colocado um pequeno arranjo de flores no centro da mesa, mas não deve ser alto, para não tirar a visão entre as pessoas.

Ao servir a sobremesa, retire tudo o que foi usado na refeição, até mesmo o *sousplat*.

Para um sorvete ou creme, podemos usar tacinhas de sobremesa, que devem ser acompanhadas do pratinho de sobremesa e da colher. Para algum doce sólido, com calda ou sorvete, servimos no pratinho de sobremesa e usamos a colher.

Para acompanhar a sobremesa, pode ser servido um cafezinho ou chá.

É sempre muito bom receber pessoas e partilhar momentos incríveis à mesa!